U0564635

杨聪——著

语文美得很

杭州

HANG ZHOU

给孩子的语文私房课

浙江大学出版社·杭州
ZHEJIANG UNIVERSITY PRESS

图书在版编目（CIP）数据

语文美得很杭州：给孩子的语文私房课 / 杨聪著
. -- 杭州：浙江大学出版社，2023.10
ISBN 978-7-308-24177-9

Ⅰ．①语… Ⅱ．①杨… Ⅲ．①中学语文课－教学研究
Ⅳ．①G633.302

中国国家版本馆CIP数据核字(2023)第170092号

语文美得很杭州：给孩子的语文私房课

YUWEN MEIDE HEN HANGZHOU: GEIHAIZI DE YUWEN SIFANGKE

杨　聪　著

责任编辑　谢　焕
责任校对　陈　欣
装帧设计　云水文化
出版发行　浙江大学出版社
　　　　　（杭州市天目山路148号　　邮政编码　310007）
　　　　　（网址：http://www.zjupress.com）
排　　版　杭州林智广告有限公司
印　　刷　浙江省邮电印刷股份有限公司
开　　本　880mm×1230mm　1/32
印　　张　9.875
字　　数　171千
版 印 次　2023年10月第1版　2023年10月第1次印刷
书　　号　ISBN 978-7-308-24177-9
定　　价　58.00元

孔子之美育主义（代序）

王国维

诗云："世短意常多，斯人乐久生。"岂不悲哉！人之所以朝夕营营者，安归乎？归于一己之利害而已。人有生矣，则不能无欲；有欲矣，则不能无求；有求矣，不能无生得失；得则淫，失则戚：此人人之所同也。世之所谓道德者，有不为此嗜欲之羽翼者乎？所谓聪明者，有不为嗜欲之耳目者乎？避苦而就乐，喜得而恶丧，怯让而勇争：此又人人之所同也。于是，内之发于人心也，则为苦痛；外之见于社会也，则为罪恶。然世终无可以除此利害之念，而泯人己之别者欤？将社会之罪恶固不可以稍减，而人心之苦痛遂长此终古欤？曰：有，所谓"美"者是已。

美之为物，不关于吾人之利害者也。吾人观美时，亦不知有一己之利害。德意志之大哲人汗德，以美之快乐为不关利害之快乐（Disinterested Pleasure）。至叔本华而分析观美之状态为二原质：（一）被观之对象，非特别之物，而此物之种类之形式；（二）观者之意识，非特别之我，而纯粹无欲之我也（《意志及观念之世界》第一册，二百五十三页）。何则？由叔氏之说，人之根本在生活之欲，而欲常起于空乏。既偿此欲，则此欲以终；然欲之被偿者一，而不偿者十百；一欲既终，他欲随之：故究竟之慰藉终不可得。苟吾人之意识而充以嗜欲乎？吾人而为嗜欲之我乎？则亦长此辗转于空乏、希望与恐怖之中而已，欲求福祉与宁静，岂可得哉！然吾人一旦因他故，而脱此嗜欲之网，则吾人之知识已不为嗜欲之奴隶，于是得所谓无欲之我。无欲故无空乏，无希望，无恐怖；其视外物也，不以为与我有利害之关系，而但视为纯粹之外物。此境界唯观美时有之。苏子瞻所谓"寓意于物"（《宝绘堂记》）；邵子曰："圣人所以能一万物之情者，谓其能反观也。所以谓之反观者，不以我观物也。不以我观物者，以物观物之谓也。既能以物观物，又安有有我于其间哉？"（《皇极经世·观物内篇》七）此之谓也。其咏之于诗者，则如陶渊明云："采菊东篱下，悠然见南山。山气日夕佳，飞鸟相与还。此中有真意，欲辨已忘言。"谢灵运云："昏旦变气候，山水含清晖。清晖能娱人，游子澹忘归。"或如白伊龙云：

I live not in myself, but l become portion of that around me; and to me high mountains are a feeling.

皆善咏此者也。

夫岂独天然之美而已，人工之美亦有之。宫观之瑰杰，雕刻之优美雄丽，图画之简淡冲远，诗歌音乐之直诉人之肺腑，皆使人达于无欲之境界。故秦西自雅里大德勒以后，皆以美育为德育之助。至近世，谴夫志培利、赫启孙等皆从之。乃德意志之大诗人希尔列尔出，而大成其说，谓人日与美相接，则其感情日益高，而暴慢鄙倍之心自益远。故美术者科学与道德之生产地也。又谓审美之境界乃不关利害之境界，故气质之欲灭，而道德之欲得由之以生。故审美之境界乃物质之境界与道德之境界之津梁也。于物质之境界中，人受制于天然之势力；于审美之境界则远离之；于道德之境界则统御之（希氏《论人类美育之书简》）。由上所说，则审美之位置犹居于道德之次。然希氏后日更进而说美之无上之价值，曰："如人必以道德之欲克制气质之欲，则人性之两部犹未能调和也。于物质之境界及道德之境界中，人性之一部，必克制之以扩充其他部；然人之所以为人，在息此内界之争斗，而使卑劣之感跻于高尚之感觉。如汗德之严肃论中气质与义务对立，犹非道德上最高之理想也。最高之理想存于美丽之心（beautiful soul），其为性质也，高尚纯洁，不知有内界之争斗，而唯乐于守道德之法则，此性质唯可由美育得之。"（芬特尔朋《哲学史》第六百页）此希氏最后之说也。顾无论美之与善，其位置孰为高下，而美育与德育之不可离，昭昭然矣。

今转而观我孔子之学说。其审美学上之理论虽不可得而知，然其教人也，则始于美育，终于美育。《论语》曰："小子何莫学夫诗。诗可以兴，可以观，可以群，可以怨。迩之事父，远之事君。多识于鸟兽草木之名。"又曰："兴于诗，立于礼，成于乐。"其在古昔，则胄子之教，典于后夔；大学之事，董于乐正（《周礼·大司乐》、《礼记·王制》）。然则以音乐为教育之一科，不自孔子始矣。荀子说其效曰："乐者，圣人之所乐也，而可以善民心。其感人深，其移风易俗……故乐行而志清，礼修而行成，耳目聪明，血气和平，移风易俗，天下皆宁。"（《乐论》）此之谓也。故"子在齐闻《韶》"，则"三月不知肉味"。而《韶》乐之作，虽絜壶之童子，其视精，其行端。音乐之感人，其效有如此者。

且孔子之教人，于诗乐外，尤使人玩天然之美。故习礼于树下，言志于农山，游于舞雩，叹于川上，使门弟子言志，独与曾点。点之言曰："莫春者，春服既成，冠者五六人，童子六七人，浴乎沂，风乎舞雩，咏而归。"由此观之，则平日所以涵养其审美之情者可知矣。之人也，之境也，固将磅礴万物以为一，我即宇宙，宇宙即我也。光风霁月不足以喻其明，泰山华岳不足以语其高，南溟渤澥不足以比其大。邵子所谓"反观"者非欤？叔本华所谓"无欲之我"、希尔列尔所谓"美丽之心"者非欤？此时之境界：无希望，无恐怖，无内界之争斗，无利无害，无人无我，不随绳墨而自合于道德之法则。一人如此，则优入圣域；社会如此，则成华胥之国。孔子所谓"安而行之"，与希尔列尔所谓"乐于守道德之法则"者，舍美育无由矣。

嗚呼！我中国非美术之国也！一切学业，以利用之大宗旨贯注之。治一学，必质其有用与否；为一事，必问其有益与否。美之为物，为世人所不顾久矣！故我国建筑、雕刻之术，无可言者。至图画一技，宋元以后，生面特开，其淡远幽雅实有非西人所能梦见者。诗词亦代有作者。而世之贱儒辄援"玩物丧志"之说相诋。故一切美术皆不能达完全之域。美之为物，为世人所不顾久矣！庸讵知无用之用，有胜于有用之用者乎？以我国人审美之趣味之缺乏如此，则其朝夕营营，逐一己之利害而不知返者，安足怪哉！安足怪哉！庸讵知吾国所尊为"大圣"者，其教育固异于彼贱儒之所为乎？故备举孔子美育之说，且诠其所以然之理。世之言教育者，可以观焉。

（发表于《教育世界》1904 年第 1 期）

小　引

亲爱的同学，让我们如西湖般悠然自在地生活一天吧！

此刻，我们将沿着 1314 路公交线路，徒步西湖，从一公园始发，经涌金门、清波门、万松岭、长桥、净寺、苏堤、浴鹄湾、茅家埠、灵隐东、天竺、小牙坞、梅家坞、云栖竹径、外大桥，最后抵达宋城。

一路上，看湖水清婉，古树苍虬，群山妩媚，浅草微澜，杂花在湖山深处兀自开落，又同归于寂。

我们也将遇到屈原、钱镠、李白、苏轼、黄公望、张岱、沈从文、汪曾祺、泰戈尔、歌德、卡尔维诺、纳博科夫、香菱等等，他们都在湖边向我们招手。

我很喜欢"边"这个词，这可能和我性格有关。

无论是小时候上学还是工作后开会，我总是拣边上的位置坐就；照集体照时，也几乎都是站在边上；读书看到沈从文的《边城》和钱钟书的《写在人生边上》就心跳加速，莫名欢喜。

"边"不居中心，处于边缘，不即不离，是一种平静心态，冷眼热肠。"边"上的人，不拘泥于中心，总是站在周边看问题，也喜欢朝外边看看，讲究跨界与融通，不僵持，不固守。

金克木先生在《说"边"》中讲："现在的人喜欢讲中心，不大讲边，其实边上大有文章可做。"

众生喧哗的时代里，我还是习惯站在语文的边缘，随1314，看人潮汹涌、风月无边，想空山无人、水流花开。

张容源 / 绘

纽约视觉艺术学院

目　录

"写"为成人之美

『诗』即意外之美

诗在意外，意在言外。
意外之美，皆生活所赠。
世间万千，于不经意间露出温柔痕迹。
只有保持敏锐触角的人，才能发现缝隙里的诗意。

第一站 一公园

01 相见欢·你可知道那地方

早上7点，我来到1314路公交的始发站——一公园，大哥大姐们已经开始在湖边唱歌跳舞了，西湖也在他们的歌舞里醒来。

这或许是世上最好的舞台：橙腹叶鹎毛色艳丽，雌鸟通体翠绿，很春天，雄鸟侧羽、喉部、上胸钴蓝，它们在枝丫间相向而鸣；紫薇和垂柳在风中舞蹈，合欢与香樟是忠实的观众，结缕草求它地上的伴侣，悬铃木求它天空的寂寞。

后两句是我化用了泰戈尔的诗：绿草求它地上的伴侣，树木求它天空的寂寞。

1924年4月14日至17日，如旋风般访问中国的泰戈尔在杭州逗留了约4天时间。16日下午，泰戈尔在西湖边做了一个演讲，陪同泰戈尔访问的徐志摩说："先生的讲演声韵，好似鸟啼，而和蔼的态度，又似春风拂面。"虽无缘亲耳聆听泰翁教

杭州
语文
美得
浪

诗在意外，意在言外。
意外之美，皆生活所赠。
世间万千，于不经意间露出温柔痕迹。
只有保持敏锐触角的人，才能发现缝隙里的诗意。

海，但每次来到西湖，总觉得有泰翁的声音如清脆的鸟啼般从湖上传来：

　　我到西湖上来，所看见的山和水，水的音调，山的容貌，都和印度一样。在表面上看来，自然界的景物到处是同，譬如鸟啼风吹，也是到处一样，这就引起我一种感想。因为人类语言不同，才生出世界上种种的误会，使我们彼此不能了解、诚心相接，所以要举我心中的爱，给不同种的民族，很不容易。但是人类要用爱来调和，这种调和的成功，必定要有专导的人。我在灵隐飞来峰上看见两个雕像，就是唐朝时，印度有两个大师，把我国的教宣传到中国。我想这两个大师初来的时候，见到这样湖山，也感想到自然界是到处一样，但是他的本意不是来玩赏湖山，是传导相互的爱。因此，印度文化有许多到中国了，如同中国几个大师到印度去，也有同样用意。这点真诚是永远不会磨灭的。灵隐飞来峰极似印度灵鹫山，那石壁上的雕像亦可算一种爱的表示。这些大师是代表相互的爱显现出来的，为人类友爱的模范，如是使我们人类可以从友爱上寻光明的路。他们来中国并不像欧美人带了枪炮等等而来，是拿了他们文化的精华来供

> 诗在意外，意在言外。
> 意外之美，皆生活所赠。
> 世间万千，于不经意间露出温柔痕迹。
> 只有保持敏锐触角的人，才能发现缝隙里的诗意。

给中国的，并且从沙漠徒步而来，丝毫没有畏难的样子。现在觉着交通便利，民族很容易接近，这固然是科学的功劳，什么火车啊，轮船啊，但是科学只能使物质方面增加便利，总不能给我们心灵上有许多便利和愉快，反觉着促进人类互相残杀的危机。试想想欧美人到了别国地域内，对于当地民族的真精神不能了解，因为被私欲迷住的缘故。前面所说两个印度大师到中国来，带了赤裸裸的一颗良心，现在我来，也如这两位大师的精神一样。因为中国、印度两民族间自有一种不可分离的爱，我虽在贵处住两三天，觉得有深切的爱存留着。但是现在时候，我们两民族应该共同努力，把一切污秽的历史和痕迹，都要排除净尽，去找出一条中印交通的运河。这运河的交通是沟通人的爱，没有别的利益关系。我自己相信一个印度人到了西湖，就觉着无限的快乐，登山游湖，心地光明，没有丝毫玷污，好像本身的精神和山水的灵气，已结合一致了，这纯是爱的作用。

（出自《申报》1924 年 4 月）

诗在意外，意在言外。
意外之美，皆生活所赠。
世间万千，于不经意间露出温柔痕迹。
只有保持敏锐触角的人，才能发现缝隙里的诗意。

　　泰戈尔这次讲演的题目是"从友爱上寻光明的路"，他一生写爱颂爱，把爱的光辉洒满人间。如果说他是"爱的哲学"的倡导者、讴歌者，那么，西湖就是"爱的哲学"的践行者。它敞开怀抱，一视同仁，无论文人墨客，还是平民百姓，不管得势者，还是失意人，都能在西湖沐浴慈爱的光辉，收获内心的宁静。

　　西湖等待我出生，然后又等待我活到最狂妄的年龄唤我穿越巴山蜀水和长江三峡，从天府之土来到人间天堂。

　　初见西湖之时，是一个天色微明的早晨，只见水面初平，早莺争树，新燕啄泥，乱花迷眼，与白居易笔下的描述毫无二致，"故乡无此好湖山"，我的老乡苏轼大才子所言不虚啊！

　　从此，我就陷没在西湖的浅草与柔波里，再也没有走出来过。

　　你永远可以相信西湖，人间一滴水，清婉可喜兮。

迷　娘

　　西湖于我而言，一如意大利之于歌德，那是令人魂牵梦绕的地方。

　　歌德借《迷娘》唱出了他对意大利的热爱与向往。这首诗围绕"你可知道那地方"这句话，重章复唱，余味悠长：

诗在意外，意在言外。
意外之美，皆生活所赠。
世间万千，于不经意间露出温柔痕迹。
只有保持敏锐触角的人，才能发现缝隙里的诗意。

你知道吗，那柠檬花开的地方，
茂密的绿叶中，橙子金黄，
蓝天上送来宜人的和风，
桃金娘静立，
月桂梢头高昂，
你可知道那地方？
前往，前往，
我愿跟随你，爱人啊，随你前往！

你可知道那所房子，圆柱成行，
厅堂辉煌，居室宽敞明亮，
大理石立像凝望着我：
人们把你怎么了，可怜的姑娘？
你可知道那所房子？
前往，前往，
我愿跟随你，恩人啊，随你前往！

你知道吗，那云径和山岗？
驴儿在雾中觅路前进，
岩洞里有古老龙种的行藏，
危崖欲坠，瀑布奔忙，

诗在意外，意在言外。
意外之美，皆生活所赠。
世间万千，于不经意间露出温柔痕迹。
只有保持敏锐触角的人，才能发现缝隙里的诗意。

你可知道那座山岗？

前往，前往，

我愿跟随你，父亲啊，随你前往！

（杨武能译）

大家看看这首诗在结构上具有怎样的特点？

我把这首诗出示给同学后，问了上面这个问题。

同学们在朗读后发现，每一节几乎都用"你知道吗"这样的问句开头。第二节有一点点变化——"你可知道那所房子"。这样既有循环往复的音乐之美，又富于变化，避免了呆板。

诗人真是用心良苦。除了将"你知道吗"这个句子不断反复，三个诗节里都有"你可知道那地方"，只是第二节变成"你可知道那所房子"，第三节变成"你可知道那座山岗"。把"地方"具体化，这样更具画面感。这就是化抽象为具象，诗歌就是借助形象来表达思想情感的文体。这里的"房子"和"山岗"，是附着了诗人情思的物象，我们把它叫作意象。

另外，每一节的最后两句，也基本是一样的，只是变换了称呼。第一节是"爱人"，第二节是"恩人"，第三节是"父亲"。这样的变化在情感表达上有一种层层递进的关系。

总之读《迷娘》，我们能感受到诗歌的音乐之美、意象之美诗在意外，意在言外。
意外之美，皆生活所赠。
世间万千，于不经意间露出温柔痕迹。
只有保持敏锐触角的人，才能发现缝隙里的诗意。

和层递之美。

梦 草

然后，我为同学们展示了我仿《迷娘》写的一首诗。那是一个秋天的午后，我在"牵挂实验"微信群看到我原来工作的温州实验中学发现"重建梦草堂记"石碑的照片，这将有可能证明温州实验中学其实就是谢灵运诗里"池塘生春草，园柳变鸣禽"中所指的"池上楼""春草池"所在地。看到这个消息，我特别兴奋，于是就仿《迷娘》，写了一首诗：

你知道吗，那蔬果飘香的地方
华盖、巽吉、罗浮、积谷，四山环向
故园捧出"梦草"的石碑
群卉献秀，众美毕具
你可知道那地方？
前往，前往
我愿跟随你，同伴啊，随你前往

你可知道池上楼
八窗洞启，惠风和畅

诗在意外，意在言外。

意外之美，皆生活所赠。

世间万千，于不经意间露出温柔痕迹。

只有保持敏锐触角的人，才能发现缝隙里的诗意。

古老的廊柱凝望着他：

你怎么啦，可怜的谢郎？

你可知道那地方

前往，前往

我愿跟随你，同行啊，随你前往

你知道吗，那园柳和池塘

鸟儿在晨雾中歌唱

潜虬在清波里行藏

市井里巷

迥不相及

你可知道那地方？

前往，前往

我愿跟随你，同学啊，随你前往！

写下这首诗，心中欢畅，四体通透，这就是写作的魔力。

随后，我让同学们也拿起笔来，以"你可知道那地方"为题，仿《迷娘》的结构，写一首诗，写出自己对某一个地方的向往与怀念，要有音乐性、层递性和鲜明的意象。

诗在意外，意在言外。

意外之美，皆生活所赠。

世间万千，于不经意间露出温柔痕迹。

只有保持敏锐触角的人，才能发现缝隙里的诗意。

仿 诗

同学们写作15分钟后小组交流修改，每组选一首全班分享。

第一组这样写：

你可知道，那静谧的森林，

绿色层层叠叠，天安地宁，

我把头枕你膝上，你给我讲乞力马扎罗的雪，

你可知道那地方？

前往，前往，

我愿跟随你，随你前往！

你可知道，那牛羊成群的地方，

绿草悠悠，一望无际，

我们骑着马，唱着欢快的歌儿，

偌大的世界好像只有我们俩，

你可知道那地方？

前往，前往，

我愿跟随你，随你前往！

杭州

语文美得浪

诗在意外，意在言外。
意外之美，皆生活所赠。
世间万千，于不经意间露出温柔痕迹。
只有保持敏锐触角的人，才能发现缝隙里的诗意。

你可知道，那彩虹尽头，

白色的云像海，一切都像梦，

这是所有生命的起点，也是终点，

我们跳着舞，继续流浪，

你可知道那地方？

前往，前往，

我愿跟随你，随你前往。

大家听后都感觉好浪漫，像是有一首动听的乐曲在耳边环绕。这就是重章叠句的优势，很容易达成回环往复的音乐之美。这与《诗经》的结构相像，可以把《迷娘》看作向古老的《诗经》致敬。

第二组信心满满：

你知道吗，那混乱破败的地方

少年拖着行李箱，孤身一人站在街上

茫然、绝望、愤怒压在心口，又

无助

你可知道那地方？

前往，前往，

我愿跟随你，少年啊，随你前往！

诗在意外，意在言外。
意外之美，皆生活所赠。
世间万千，于不经意间露出温柔痕迹。
只有保持敏锐触角的人，才能发现缝隙里的诗意。

你可知道那屋后小院
第一次相遇，却生了场大病：
你怎么啦，可怜的姑娘？
你可知那地方，
前往，前往，
我愿跟随你，同学啊，随你前往！

你知道吗，那校园和房子
教室后排的故事
课上的笔记和放学后的陪伴
满怀希望，所向披靡
你可知道前方的黑暗
前往，前往
我愿跟随你，朋友啊，随你前往

　　另外一组同学点评：这首诗的意象不是明亮的，而是有一种暗黑的色彩，我感觉特别酷。你看第一节里的"混乱破败"，第二节里的"大病"，第三节里的"黑暗"，都给人一种暗黑的感觉。一般人心中的"那个地方"往往光明而温暖，而在这位同学的笔下却是黑暗且破败的，很独特，有个性。

　　是啊，这种独特与个性，对一首诗来说，多么珍贵。其实，诗在意外，意在言外。
意外之美，皆生活所赠。
世间万千，于不经意间露出温柔痕迹。
只有保持敏锐触角的人，才能发现缝隙里的诗意。

我特别欣赏这位同学敢于前往"破败"的勇气和信心，因为，生活不总是阳光灿烂。所以，我们要学会在逆境和不确定性中保持昂扬的姿态。

第三组同学分享：

　　　你可知道那远方
　　　你是否好奇
　　　对那未来的好奇
　　　你是否恐惧
　　　对未知的恐惧

　　　未知，好奇，恐惧
　　　都会随远方一点点来到的
　　　未来的路该怎么走？
　　　我的信念能否贯彻未来？
　　　探索，探索
　　　探索那个照亮我前行的灯塔

　　　我虽不是天赋异禀的人
　　　但我的人生不是潦草诗
　　　我会奔走在漫漫时光中

诗在意外，意在言外。
意外之美，皆生活所赠。
世间万千，于不经意间露出温柔痕迹。
只有保持敏锐触角的人，才能发现缝隙里的诗意。

探寻属于自己的路
坚持自己心中的信念
褪去青涩
终成为自己故事中的主角

对于这一首，同学们有点小分歧。一个同学觉得诗中没有运用重章叠句的结构，也缺少具体的意象，大多是抽象的表达，基本是内心情绪的宣泄。

另一个同学觉得这首诗虽然没有完全按照既定的要求来写，但它的三个小节层层递进，还是符合"层递"这一条的。第一节讲未来的不确定，第二节讲要去探索，第三节讲最终实现自己的目标，人生就是从最初的迷茫到探索最后再到实现的过程。

还有一个同学则直接表达了喜欢之意，因为这首诗表达了中学生在面对未来时的真实的心理状态。这名眼睛乌亮乌亮的男生说："诗歌的意象既然可由具象构成，那为什么不能由抽象构成呢？因为'具象''抽象'都是'象'嘛。"全班为他鼓掌。

结　构

大家的争论非常好，这就是诗歌的魅力。不同的人，对一首诗，仁者见仁，智者见智，古今中外，大都如此。电影《死诗在意外，意在言外。
意外之美，皆生活所赠。
世间万千，于不经意间露出温柔痕迹。
只有保持敏锐触角的人，才能发现缝隙里的诗意。

亡诗社》里讲：我们读诗写诗，是因为我们是人类的一分子，而人类是充满激情的。

是的，诗就是激情的产物。我猜，最后一首诗的作者写诗时，就是有一种激情在涌动，所以就顾不上我们的规则了。这就是一首好诗，因为他写出了中学生真实的心理状态，写出了他自己。从大家的分享里，我感受到了大家澎湃的激情和浪漫的诗意，真好。

纳博科夫说："风格和结构是一本书的精华，伟大的思想只不过是空洞的废话。"（弗拉基米尔·纳博科夫：《文学讲稿》，申慧辉等译，上海：上海译文出版社，2018 年）教学至今，我越来越感觉，纳博科夫的这句话，说到了语文学习的门道。那就是，我们阅读要去把握文章的结构，写作最要紧的其实也是结构。

其实我很早就想写这本书了，但一直没有找到令自己满意的结构，所以就一直这样拖着。直到一天黄昏，我在西湖边走着，看到 1314 路公交车从身旁驶过，这瞬间点燃了我。这是一条多么美丽浪漫的公交线路，一如我美丽迷人的语文之旅。我的书稿为什么不以这趟公交线路为线索呢？于是，我用自己的双脚去重新体验了这条线路的自然与人文之美。我发现，这真是一条绝妙的线路，每一个站点都暗合着我要讲的内容。接下

> 诗在意外，意在言外。
> 意外之美，皆生活所赠。
> 世间万千，于不经意间露出温柔痕迹。
> 只有保持敏锐触角的人，才能发现缝隙里的诗意。

来，书稿写作非常顺利，用了半年的时间，初稿就基本完成了。但就本书内容而言，我实际上写了 25 年。

当本书责任编辑谢焕老师将初审书稿传我再修改时，我看到了 2023 年山西中考作文题：

> 意蕴悠远的词牌，是中国文学宝库的璀璨珍珠。即使不谈词调，不言平仄，仅其字面义也别具美感，引人遐思。"少年游"或许是一次意气风发的游历；"相见欢"可能是一场意料之外的相逢；"定风波"的背后需要多大的努力、何等的智慧……
>
> 你尝试过用词牌做题目写作吗？请从下面的词牌中，任选一个为题目，写一篇不少于 600 字的作文。
> 题目一：相见欢
> 题目二：定风波
> 题目三：少年游

这个题目让我眼前一亮，我为什么不从词牌的字面意思出发，在本书每一节的标题前加上与该节内容意思相关的词牌呢？这样既呼应了"宋韵杭州"的城市文化定位，也为本书增添了诗意之美和音乐之美。于是，整本书的结构除了以 1314 公交线路为线索外，还由 35 个词牌连缀而成，双线并行，构成了一诗在意外，意在言外。
意外之美，皆生活所赠。
世间万千，于不经意间露出温柔痕迹。
只有保持敏锐触角的人，才能发现缝隙里的诗意。

首循环往复的诗意长歌。

亲爱的同学，当你读完每一节的时候，不妨想一想，本节内容与该节词牌的相关性在哪里，可以从词牌本身的字面意思、前人用本词牌创作的相关词作（参看附录）或词牌本身的平仄词调等角度去思考。

02　诉衷情·用一首诗迎接九月

从一公园去往清波门的路上，向左不远处就是吴山，山巅曾建览胜赏景的"有美堂"，如今有美堂已经不在了，遗址处只竖一块石碑，碑上刻有欧阳修《有美堂记》全文。

1057 年，四川成都人梅挚出任杭州知县，宋仁宗亲自为他作诗《赐梅挚知杭州》饯行，诗中有"地有吴山美，东南第一州"之句。梅挚到杭州后，就在吴山顶上建造了"有美堂"，并先后七次请北宋文坛领袖欧阳修为"有美堂"写一篇记。盛情难却，欧阳修才写下了传扬后世的《有美堂记》。此记从仁宗认定的"东南第一州"入手，用南京战后的残破与杭州和平统一后的完整作比，突显杭州人居华丽、风景绝美，叹曰："盖钱塘兼有天下之美，而斯堂者，又尽得钱塘之美焉。"

此刻，我可否厚着脸皮插入一句："语文兼有天下之美，而诗在意外，意在言外。
意外之美，皆生活所赠。
世间万千，于不经意间露出温柔痕迹。
只有保持敏锐触角的人，才能发现缝隙里的诗意。

本书者，又尽得语文之美焉。"

实话说，从美的角度来讲语文，既是我在语文教学工作中毕生之追寻，也是本书写作之要旨。所以我借了王国维先生《孔子之美育主义》作为本书的序言，先生在这篇文章里介绍了叔本华、康德、席勒等美学思想与观点，论证了孔子学说中蕴含的"始于美育，终于美育"的美育思想以及实行美育的必要性，并大声疾呼：美之为物，为世人所不顾久矣！世之言教育者，可以观焉。

王国维先生的观点在今天仍具有现实意义和未来价值，这就是我固执地扛起"语美学派"（语美 π）的大旗并从"美"的角度来谈语文的原因。我期待同学们能从字里行间观人生世相，在人生世相里寻丰富兴味，让知美、识美、创造美成为我们一生的信仰。

如今，站在有美堂旧址，面向东南，即可见波澜壮阔的钱塘江，转向西北，便能赏波光粼粼的西子湖。江潮与湖水对话，雄阔与秀丽共美。

杭州，真乃东南第一州！那么杭州一公园的"一"字，又为何意呢？它可能是西湖第"一"的"一"，也可能就是其中"一"个的"一"，没有高下之别。对我来说，这个"一"，就是我徒步开始的地方。我想到每年九月，都是我们同学新学期开始的时

语文美得很
杭州

诗在意外，意在言外。
意外之美，皆生活所赠。
世间万千，于不经意间露出温柔痕迹。
只有保持敏锐触角的人，才能发现缝隙里的诗意。

候。你们语文老师的开学第一课都是怎么上的呢？

九月，对每一个同学来说，既是开始的月份，也是生长的季节，当然也有焦虑和纠结。因为，我们将告别漫长的暑假，或许还带着未完成暑假作业的忐忑，走进学校的大门，开始一个新学期的学习。

这个学期，我构想了无数次与新同学见面时的第一课。

刚开始，我打算从以下三句话说起。第一句是"知识和智慧是两回事，知识可以学来，智慧必须体验"。第二句话是哥伦比亚作家马尔克斯在《活着为了讲述》里的句子：生活不是我们活过的日子，而是我们记住的日子，是我们为了讲述而在记忆中重现的日子。第三句话是我根据笛卡儿的名言"我思故我在"杜撰出来的——我写故我在。

我说这三句话的目的，是想让同学以更加积极的心态去体验生活、记录生活，在真实的体验与写作里，让自己的每一天都活色生香，就像这九月里的桂子饱含芬芳。

后来，我又想，还是应该先讲一讲语文课程的特点、学业评价的方式、课堂规范以及对作业的一些要求。因为我觉得，有了共同的规则，我们就能更容易地建构起一个开放而有益的学习共同体。

然而，9月1日早晨，我们的校长在开学典礼上的致辞深

> 诗在意外，意在言外。
> 意外之美，皆生活所赠。
> 世间万千，于不经意间露出温柔痕迹。
> 只有保持敏锐触角的人，才能发现缝隙里的诗意。

深打动了我。我临时决定推翻以上设计，让诗歌照亮生活。

校长先生的核心观点是接受不确定性，让可能性战胜焦虑。有意思的是，他用美国诗人罗伯特·弗罗斯特的诗《未选择的路》来论述倾向于不确定的想法：

诗是这样的：

> 黄色的林子里有两条路，
> 很遗憾我无法同时选择两者
> 身在旅途的我久久站立
> 对着其中一条极目眺望
> 直到它蜿蜒拐进远处的树丛。
> 我选择了另外的一条，天经地义，
> 也许更为诱人
> 因为它充满荆棘，需要开拓；
> 然而这样的路过
> 并未引起太大的改变。
> 那天清晨这两条小路一起静卧在
> 无人踩过的树叶丛中
> 哦，我把另一条路留给了明天！
> 明知路连着路，
> 我不知是否该回头。

诗在意外，意在言外。
意外之美，皆生活所赠。
世间万千，于不经意间露出温柔痕迹。
只有保持敏锐触角的人，才能发现缝隙里的诗意。

我将轻轻叹息，叙述这一切

许多许多年以后：

林子里有两条路，我——

选择了行人稀少的那一条

它改变了我的一生。

校长先生讲，这首诗的标题侧重于"未选择"，它本身就体现了一种选择，甚至还有对此的怀疑。这首诗通常被解读为赞扬做出不同寻常的决定，选择了"鲜有人涉足"的路从而"成就了人生无数"。但那份不同真的是好的吗？或是不好的？抑或只是一种运气？我们不可能知道。而叙事者即便在不确定中也必须做出决定。做出选择的行为确实事关重大，因为正是做出选择的行为本身塑造了人生的经历。

在新的一学期的开端，我们每个人都有那么多的选择。当我们在搜集信息并依靠数据、价值、倾向、希望或是梦想来衡量选择时，总会面对不确定。希望我们都能够在不确定中找到可能性和机会，在困难中保持希望。校长发自内心地为能和我们一起踏上这段探索和创造的旅程感到高兴。

《未选择的路》是一首特别深邃又格外清朗的诗歌，校长试图用这首诗来阐释"不确定"的美妙和重要，这真的惊到了我，诗在意外，意在言外。
意外之美，皆生活所赠。
世间万千，于不经意间露出温柔痕迹。
只有保持敏锐触角的人，才能发现缝隙里的诗意。

那一瞬间，埋藏在我心间"初来乍到"的顾虑顿时烟消云散。

是的，我们喜欢"确定"的东西，因为它给我们带来安全感，而对"不确定"，我们会怀疑、缺乏耐心，甚至排斥。但我们静心想一想，世界唯一确定的，其实就是"不确定"，尤其在今天这个变化无常的时代。

你永远要相信变化的力量。

诗歌，真的是一种奇妙的存在。它往往以非理性的方式直击理性的内核，抵达真理，如果有一个"真理"的话。

于是，在开学典礼后，我就以"用一首诗迎接九月"这样的方式开启了我们的语文第一课。

我们先回忆了有关"九月"的大量诗歌，有同学玩笑似的背出"床前明月光"，我们都乐了。是呀，这当然是有关秋天的诗歌，从下句"疑是地上霜"的"霜"字可以见出，这轮秋天里皎洁的明月，高悬苍穹，映照千年岁月。

然后，我们一起研析了海子的《九月》：

目击众神死亡的草原上野花一片
远在远方的风比远方更远
我的琴声呜咽 泪水全无
我把这远方的远归还草原

诗在意外，意在言外。
意外之美，皆生活所赠。
世间万千，于不经意间露出温柔痕迹。
只有保持敏锐触角的人，才能发现缝隙里的诗意。

> 一个叫木头 一个叫马尾
>
> 我的琴声呜咽 泪水全无
>
> 远方只有在死亡中凝聚野花一片
>
> 明月如镜 高悬草原 映照千年岁月
>
> 我的琴声呜咽 泪水全无
>
> 只身打马过草原

同学们惊叹于"野花"旺盛的生命力，也问到了"木头"与"马尾"的意思，还从"众神死亡的草原"体悟到或孤独或欢欣或绝望或旷世的寂静等复杂多元的感受，读着读着，我们一起陷入了"比远方更远"的"风"里。

最后，我让同学们自己写几句诗来迎接九月，形式不拘，内容不限。

一位男生写道：

> 九月，代表着新的征程，
>
> 我期待着高中给我不一样的体验，
>
> 让生命中那么短暂的三年，有着意义，散发光彩。
>
> 我想看见更多的人，
>
> 或者是做更有意义的事，

> 诗在意外，意在言外。
> 意外之美，皆生活所赠。
> 世间万千，于不经意间露出温柔痕迹。
> 只有保持敏锐触角的人，才能发现缝隙里的诗意。

做最让人心潮澎湃的事情。

过去的种种或许因为年纪的原因无法实现，

我想通过高中的跳板，

去到更广阔的空间，

作为我的成人礼。

我并没有一个很好的过去，

但我期待一个好的结尾，

我会尽力沿着自己心中所想的道路而走，

扶着身旁之人为我搭建的扶手向前走，

我并未过多提及九月，

我不想表达过多开始的激动之情，

只期望着有更好的未来，

有更好的自己。

此刻，我真的想和他握手，因为他对"开始"的态度，与我是如此的切近。我走过不少的学校，时常看到一些老师激情满怀地表达对新单位新岗位的热爱之情，但最后，这些富有激情者也往往是最早离开的人。我亲见一位女老师在大会上激情洋溢地宣告要一辈子服务于单位，然而，不到半年，这位老师就先行离开了。我在这里没有指责同行的意思。她的离开一定有她自身、单位等多方面的原因，在此不讨论。

诗在意外，意在言外。
意外之美，皆生活所赠。
世间万千，于不经意间露出温柔痕迹。
只有保持敏锐触角的人，才能发现缝隙里的诗意。

我更喜欢以一颗平常心来开始任何一段新的旅程。因为在我们抵达目标的路上，少有平直之途。一开始太过喷涌的情绪，一旦遇到高墙和巨浪的阻击，热情的火焰就很容易熄灭。路漫漫其修远兮，我们要付出耐性和韧劲。过去已去，未来在途，这些都是我们无法把握的，我们唯能掌控的，就是此时此刻。相信吧，未来绝不会辜负把握好今天的人。

一位女生对此有了新的想法，她写道：

> 对九月不应有刻板印象，
> 每个月都是新的开始，
> 甚至每个小时都是新的开始，
> 如果你愿意，每分每秒钟都是开始。

是的。我们要不断去颠覆所谓的"刻板印象"，这是我们一生的课题。世界是流动的变化的，我们的认识当然也应该随时调整。我十分赞赏这位小妹妹的观点，对我们而言，每分每秒都是开始。"当觉为时已晚，恰是最早之时。"据说，这是写在哈佛大学图书馆里的话，我们共勉。

刘同学在如此短的时间里写出的诗真的震撼到了我：

诗在意外，意在言外。
意外之美，皆生活所赠。
世间万千，于不经意间露出温柔痕迹。
只有保持敏锐触角的人，才能发现缝隙里的诗意。

前方的路如同八月与九月

处在交接与混乱之中

明明身在九月却无法魂归九月

在九月与过往的漩涡中

我深陷其中无法自拔

不知何时才能得到安生之所

流浪的灵魂出现了空洞

对那能弥补空洞的事物充满期待

当灵魂追寻到契合之物时

我将与九月相拥

　　这是一首特别的诗歌。在交接和混乱中，身体与灵魂也各奔西东，不知何时才能找到安身之所。没错，理想的状态是身体与灵魂的合二为一，相安相谐。然而，以我有限的人生经验来看，灵魂就像一个调皮且不安分的孩子，他总是喜欢逃离身体的躯壳放飞自我，独自流浪。我的体验是，偶尔让灵魂飞一会儿，也未尝不是一件好事。只是我们要不断清理我们的躯壳，使之焕然一新，等待灵魂归来。否则，灵魂会嫌弃千篇一律的皮囊离我们而去，唯留失魂落魄的躯壳在秋风中凌乱。

　　讲到这里，下课的铃声响了起来，在偌大的走廊里飘来诗在意外，意在言外。
意外之美，皆生活所赠。
世间万千，于不经意间露出温柔痕迹。
只有保持敏锐触角的人，才能发现缝隙里的诗意。

荡去。

有人可能会问：杨老师，你的这一课对应试写作有指导意义吗？

我知道，问者的潜台词是不少考试作文题后面都会加一个括号，里面写四个字：诗歌除外。的确，除少数地方外，诗歌这种文体确实是被命题者排除在外的。但我觉得，我们不必去苛求命题者，因为现代诗歌在评分上的确会给阅卷者带来不少困难。

但是，诗对于我们的生活而言，一如雾气之于山峦，星月之于夜空，虽不是必需品，却可以给我们的生活增添一点柔情与蜜意，诗是语文的魂。如果我们在应试习作里加入一些诗意的表达，作文也定然能展露别样的光华。

胆子大一点，不要被"诗歌除外"吓破了胆！

请相信，心里有诗意，下笔皆华章。

诗在意外，意在言外。
意外之美，皆生活所赠。
世间万千，于不经意间露出温柔痕迹。
只有保持敏锐触角的人，才能发现缝隙里的诗意。

第二站　清波门

03　清波引·还我本来面目

过眼西湖无一句，易安心事有谁知？

古清波门外的水杉林处，有一座为纪念宋代著名女词人李清照而修建的小亭，匾额"清照亭"三字集的是她最喜爱的米芾体。据说李清照后半生曾在清波门附近住过一段时间，令人奇怪的是，这位大才女在杭州生活了多年，却从没为西湖留下只言片语。

清波门在五代吴越时为水门，南宋绍兴二十八年（1158 年）筑杭城，为门十三，清波门是西城门之一，濒临西湖的东南边，取"清波"之意，被历代沿用，寓"清平顺遂"之意。

然而，2020 年起的三年里，世界很不"清平顺遂"。

一场突如其来的新冠疫情遍及世界，一个小小的病毒将大大的世界搅扰得颇不清静。人们在战栗中过着波澜起伏的日子。

2020 年春，身处疫情风暴中心的湖北人也承受了巨大的心理压力。在全国人民抗击新冠病毒的日子里，能者竭力，万民

杭州 语文 美得 浪

诗在意外，意在言外。
意外之美，皆生活所赠。
世间万千，于不经意间露出温柔痕迹。
只有保持敏锐触角的人，才能发现缝隙里的诗意。

同心。

我想起那片汉水与长江奔流的土地，人间一滴水，清扬何婉兮；想起楚辞里"江陵千树橘，纷其可喜兮"；想起唐诗里"襄阳好风日，留醉与山翁"；想起北宋才子苏轼在黄州（今黄冈市黄州区）"一蓑烟雨任平生"。

这就是我们的湖北，一方生长诗歌的沃土。

于是，我决定带领正居家学习的同学拂去暂时的乌烟与瘴气，借楚辞、唐诗、宋词去亲近那方古老而诗意的大地，还湖北本来面目。

经过半个月的学习研讨，同学们早已跃跃欲试，决定以"线上主播"的形式来进行小组汇报。我们每晚安排一场，时间延长至70分钟，并邀请家长及他们的亲朋好友围观，最热闹的一场有1000多人收看。

楚辞里的湖北

第一场是"楚辞里的湖北"。同学们用多人合作的方式来讲。

他们首先从历史、人文地理方面给我们讲解了楚国的由来，以及楚国的疆域。屈原是楚文化的代表。楚国大地丰润的水土滋养了屈原，屈原的文学天赋、政治才能又影响着古往今来的

> 诗在意外，意在言外。
> 意外之美，皆生活所赠。
> 世间万千，于不经意间露出温柔痕迹。
> 只有保持敏锐触角的人，才能发现缝隙里的诗意。

许许多多的人。

屈原的才华，自幼便可见之。他的一篇《橘颂》，十六岁便写成了。讲者带领我们从字里行间品析文字背后的精神气息。"后皇嘉树，橘徕服兮"，一个"嘉"字，其美也，其净也，其诗也，其画也。通过他们对此篇字、词、句细致入微的讲解，这一棵橘树，其形、其叶、其枝干、其花、其果，仿若跃然于眼前，伸手可触之，用眼可近之，用心可绘之。"绿叶素荣，纷其可喜兮"，一个"纷"字出神入化，缤纷，茂盛，欣欣向荣，生机勃勃，一个"纷"字就足见生命之蓬勃，之旺盛。

一学生补充了此篇所传达的情怀："苏世独立，横而不流兮"，看似写橘树，实则传达出屈原小小年纪志向之高洁，情怀之高远。

另一个同学继续分析：屈原不只是在文学上有很高的造诣，在政治上也彰显出了与凡人不同的能力。"明于治乱，娴于辞令。入则与王图议国事，以出号令；出则接遇宾客，应对诸侯。王甚任之。"只是，官场太过纷繁复杂，屈原这样一个清高自傲、遗世独立之人，如何能容忍世间之浊气与黑暗。他最后没有选择渔父随波逐流的处世之道，而是选择上下求索，他终究决绝而去，让世人不禁扼腕叹息。

在此，我如此引导学生：屈原堪称楚国的人格典范，他活得太纯粹，太干净了。但是他最后这样决绝的选择，却不是我等凡俗之人可以效仿的。我们要积极面对人生中的问题，积极想办法解决自己遇到的困境。人生不如意十之八九，世间纷纷攘攘，没有绝对的净土。适当的妥协没有什么不好。在外，当与世界和谐共处，在内心，则可以纯净一些，纯粹一些。

一位家长听后说：我特别欣赏杨老师这样温和而有力的方式，他循循善诱地引导孩子们，不可偏激，不可任性，不可决绝，当我们无法改变外在环境的时候，至少在内心要保持一份通达，一份理性，相信孩子们在这堂课后定会找到属于自己的嘉木，这嘉木可观，可触，可抒；这嘉木可为友，可为师，可为长。

唐诗里的湖北

第二场是"唐诗里的湖北"。这一讲，学生化身李白，带领我们跟随李白的脚步遍访湖北大地。这种讲解方式的代入感很强，让人身临其境，非常有创意。

725年春天，"我"辞亲远游，仗剑天涯，沿三峡，经奉节，抵达荆门。只见天地开阔，江水浩荡，平原辽远，一下子，"我"的眼界与胸襟也开阔起来。面对如此盛况，"我"诗情高涨，忍不住作诗一首：

诗在意外，意在言外。
意外之美，皆生活所赠。
世间万千，于不经意间露出温柔痕迹。
只有保持敏锐触角的人，才能发现缝隙里的诗意。

渡远荆门外，来从楚国游。
山随平野尽，江入大荒流。
月下飞天镜，云生结海楼。
仍怜故乡水，万里送行舟。

这里的"荒"不是荒芜凄凉，而是开阔、自然之意。这种"荒野"意象也是文学上的母题。国外《荒野行吟》《荒野的呼唤》《大森林里的小木屋》《草原上的小木屋》等作品，都是荒野意象的代表。荒野，召唤着我们去了解它，亲近它。荒野是我们的归属地，荒野里的一切，都与我们息息相关。

726年，"我"第一次来到襄阳。襄阳好山好水，孕育出了不少文人墨客。后人有"半部唐诗在襄阳"的说法。王维的《汉江临眺》"江流天地外，山色有无中"，词句豪迈，意境开阔神秘，让人欢喜。襄阳的"风日"怎一个"好"字了得，希望疫情过后，大家可到襄阳去走一走，看一看！

襄阳的好，不只在风景上，更在"我"的朋友们。在湖北，"我"还遇见了"我"最好的朋友孟浩然。孟浩然乃襄阳人。"我"与襄阳又有着深厚的缘分。人生知己难得，如此好友，怎可不为他作诗一首？

诗在意外，意在言外。
意外之美，皆生活所赠。
世间万千，于不经意间露出温柔痕迹。
只有保持敏锐触角的人，才能发现缝隙里的诗意。

吾爱孟夫子，风流天下闻。

红颜弃轩冕，白首卧松云。

醉月频中圣，迷花不事君。

高山安可仰，徒此揖清芬。

你们中有些人说"吾爱孟夫子，风流天下闻"这句太白，太直接，可是，我本"李太白"啊！其实，孟浩然在"我"心中的地位实在是太高，他人格高尚风流倜傥，"我"真是佩服得五体投地啊！不这样写，就不足以表达"我"心中的爱意，你们想怎么说就怎么说吧。

727 年，"我"到了安陆。安陆因司马相如而出名。而司马相如乃四川人，与"我"是老乡。他是西汉大才子，是"我"非常景仰的人。早年读他的《子虚赋》，"赋"里描写安陆云梦物产丰富，气象万千，美不胜收，让"我"从此爱上安陆。

来到安陆，"我"还遇到了爱情。"我"的妻子是唐高宗时任过宰相的许国师的孙女。安陆的山水滋养着"我"，安陆的爱人守护着"我"，岂不快哉？

唐诗里有很多诗歌与湖北有关，湖北是盛产诗歌的富饶美丽之地，江汉平原的风物与诗情，值得我们去关注。湖北的人文地理、人文情怀值得我们去解读。湖北是一个文化底蕴深厚

> 诗在意外，意在言外。
> 意外之美，皆生活所赠。
> 世间万千，于不经意间露出温柔痕迹。
> 只有保持敏锐触角的人，才能发现缝隙里的诗意。

的地方，疫情过去后，希望大家有机会多去湖北走一走，去领略江汉平原特有的风土人情，去抵达湖北特有的诗意文化。"纸上得来终觉浅，绝知此事要躬行。"除了课堂上学习，还需要亲自去行走，去抵达，去了解，去践行……

这个小组讲课的方式非常有新意，跳出了传统的诗歌讲法，用一种行走的动感方式，让我们跟着李白的步伐，抵达辽远时代的诗意，这真是一场非常有创意的讲座。通过这样的讲座，同学们也能更多地了解湖北，触摸诗意。

宋词里的湖北

在"宋词里的湖北"专题里，我先引导学生以苏轼在湖北活动的时间先后为明线，再以苏轼在湖北的思想情感的变化为暗线，双线并行，然后再探究诗词背后的文化心理，以此来指导我们的现实人生。

苏轼初到黄州，悲从中来，一种清冷孤独之感席卷整个身心。这从他的《卜算子·黄州定慧院寓居作》中就可见出。

缺月挂疏桐，漏断人初静。谁见幽人独往来，缥
缈孤鸿影。

惊起却回头，有恨无人省。拣尽寒枝不肯栖，寂

诗在意外，意在言外。
意外之美，皆生活所赠。
世间万千，于不经意间露出温柔痕迹。
只有保持敏锐触角的人，才能发现缝隙里的诗意。

寞沙洲冷。

"拣尽寒枝不肯栖，寂寞沙洲冷。"这个"冷"字，可指月色清冷，也可指天气寒冷，更能指诗人无处诉说的凄冷。

但是，他没有一直深陷于这样的情绪里，而是试着去改变。在生活里，当我们遇到困难的时候，如果转变心境，试着去接纳，与之和解，与之共处，人生又会有别样的精彩。

苏轼的改变从他《答秦太虚书》中的描写也能感受到：

初到黄，廪入既绝，人口不少，私甚忧之，但痛自节俭，日用不得过百五十。每月朔，便取四千五百钱，断为三十块，挂屋梁上，平旦，用画叉挑取一块，即藏去叉，仍以大竹筒别贮用不尽者，以待宾客，此贾耘老法也。度囊中尚可支一岁有余，至时别作经画，水到渠成，不须预虑，以此胸中都无一事。

苏轼在谪居中虽遭遇种种不幸，但其乐观豁达的性情渐渐显露。虽谪居异乡，生活清苦，但他"不须顾虑，以此胸中都无一事"的安之若素的情怀令人肃然起敬。

苏轼在黄州待的时间越久，他也就越平和，越来越安于现诗在意外，意在言外。
意外之美，皆生活所赠。
世间万千，于不经意间露出温柔痕迹。
只有保持敏锐触角的人，才能发现缝隙里的诗意。

状。他的笔锋也由尖锐变为平和，日趋平静，以前的锋芒渐渐被岁月磨平，棱角经岁月敲打，也渐渐圆润通达。他开始由笔头转向锄头，他在《次韵孔毅甫久旱已而甚雨三首》中写道：

> 去年东坡拾瓦砾，自种黄桑三百尺。
>
> 今年刈草盖雪堂，日炙风吹面如墨。
>
> 平生懒惰今始悔，老大劝农天所直。

读着这些充满烟火气的句子，布衣平民化的苏轼形象跃然眼前。"日炙风吹面如墨"，一个"墨"字，足见风吹日晒长久，一个"墨"字也足见苏轼因劳动而成就了一种底层的健康颜色，一个"墨"字也足见苏轼接纳生活改变后的简明通达。

在这天高皇帝远的地方，种自己的地，盖自己的雪堂，看自己的庄稼日渐生长，不用签署公文，无案牍之劳形，闲散之时还可看闲书，划船，与和尚聊天，天地之大，不过如此。碧云苍翠，山水辉映，这何尝不是一种安适？读这些诗词，足见苏轼精神上的变化。

他尖锐的笔锋，渐渐隐没锋芒，越来越温暖，越来越亲切透彻，越来越成熟可亲。这样的苏轼，可以说是置之荒地而后生，生命更显得豁达，从容，平淡，静远。

诗在意外，意在言外。
意外之美，皆生活所赠。
世间万千，于不经意间露出温柔痕迹。
只有保持敏锐触角的人，才能发现缝隙里的诗意。

我们要学习苏轼这样的心态：在无法改变自己生存环境的时候，试着改变自己，去接纳，去面对，人生就会有无限的可能性。比如面对这次猝不及防的疫情，面对超长的寒假，我们不应怨天尤人，而是改变自己，接纳现状，针对这样的现状去做一些有益的事情。

苏轼心态越来越豁达，品读耳熟能详的《定风波·莫听穿林打叶声》后，我们的体悟会更加深刻。

莫听穿林打叶声，何妨吟啸且徐行。竹杖芒鞋轻胜马，谁怕？一蓑烟雨任平生。

料峭春风吹酒醒，微冷，山头斜照却相迎。回首向来萧瑟处，归去，也无风雨也无晴。

面对一场雨，不同的人会有不同的做法。与苏轼同行的人皆狼狈而去，唯独苏轼不以为苦，虽无雨具，却可听雨打竹叶，吟啸徐行。"竹杖芒鞋轻胜马"，"一蓑烟雨任平生"，只要内心淡定，一场烟雨又如何？

"回首向来萧瑟处，归去，也无风雨也无晴"，足见苏轼超然物外，心胸豁达。

我们穿行在苏轼的这首《定风波》里，仿若也经历了一场

> 诗在意外，意在言外。
> 意外之美，皆生活所赠。
> 世间万千，于不经意间露出温柔痕迹。
> 只有保持敏锐触角的人，才能发现缝隙里的诗意。

浩荡的烟雨，我们的心底会更加明澈，眼神会更加笃定，如果遇到人生路上的困境，苏轼的智慧与清明就会成为我们的指路明灯。

黄州虽偏远，却也成就了苏轼。在这里，他解放了自我，超越了现实。

黄州，让他的诗词达到了文学的高峰。黄州也成了苏轼的精神地标。

在梳理与探究的过程中，我们对所学内容进行了结构化的编码，有了整体性的理解；同时，我们也从诗词的字面意思出发，深入言语的背后，探究了诗词背后的地域特色和文化心理，培养了我们高阶思维能力。

最后，综合大家所讲，我创作了一首诗《诗词里的湖北》，我们齐诵这首诗歌，为这个专题学习做一个完美的总结：

湖北

你从楚辞里走来

我看见一棵棵美丽的橘树

站在楚国的大地上

绿叶素荣　圆果抟兮

苏世独立　横而不流

诗在意外，意在言外。

意外之美，皆生活所赠。

世间万千，于不经意间露出温柔痕迹。

只有保持敏锐触角的人，才能发现缝隙里的诗意。

江陵千树橘

纷其可喜兮

湖北

你从唐诗里走来

你山随平野尽　江入大荒流

你晴川历历汉阳树　芳草萋萋鹦鹉洲

你江流天地外　山色有无中

你桃花流水窅然去　别有天地非人间

湖北

你从宋词里走来

你用黄州的数十亩荒坡

养育了北宋的大才子苏轼

他夜饮醒复醉　归来已三更

敲门都不应　倚杖听江声

他净洗铛，少著水

文火炖猪肉　月夜看朋友

心安即故乡

湖北

诗在意外，意在言外。
意外之美，皆生活所赠。
世间万千，于不经意间露出温柔痕迹。
只有保持敏锐触角的人，才能发现缝隙里的诗意。

你也必将从新冠疫情里走出来
我们重登黄鹤楼
我们武大看樱花
回首向来萧瑟处
也无风雨也无晴

04 少年游·少年情怀当是诗

少年情怀总是诗。

然而，在应试写作中，我很少感受到少年的"诗性情怀"。他们或编造一些似是而非的故事来迎合作文的"话题"，或罗列一些冰凉的材料来证明貌似崇高的观点，或以老气横秋的姿态来玩弄哲学的艰深，或以题记、后记、小标题的样式来追求形式的完美，唯独缺乏以少年的"轻狂"来抒写自己的"诗性情怀"。

我们生活在一个网红飞扬的消费社会，对现实名利的追逐已成为大众普遍的文化心态，对诗性情怀的追求正逐渐淡出人们的精神家园。作为社会一分子的少年人，必然会受到这种现实文化语境的影响。心灵的"粗糙"必然导致我们对诗意生活的漠视。飘零风中的落红和滑翔长空的大雁已无法触动我们原本诗在意外，意在言外。

意外之美，皆生活所赠。

世间万千，于不经意间露出温柔痕迹。

只有保持敏锐触角的人，才能发现缝隙里的诗意。

敏感的神经。当我们面对作文"话题"之时，便难以发掘出蕴含其中的诗情，当然更谈不上与诗性生活的嫁接。为了完成作文任务，我们只是拼凑起一篇篇缺乏灵性、连我们自己也不喜欢的东西，然后随手扔给老师，听天由命罢了。

我个人认为，作文是一种创作，它本就应该姓"文"，即文学、文化、文气、文雅等等。它的本质应该是一种诗意的表达，而不是别的什么东西。而要写好作文，当务之急就是要精心呵护和谨慎培育自己的"诗性情怀"。其实，"大地的诗歌从来不会死亡"（济慈语），我们每个人不一定都写诗，但每个人都应该是一个诗人，只要我们用诗人的眼光来打量这个世界，世界就会呈现出盎然的诗意。陶渊明临清流而赋诗，在南山西畔轻轻吟唱"采菊东篱下，悠然见南山"；李太白酒入豪肠，七分月光，三分剑气，绣口一吐就半个盛唐；东坡无故遭贬，拣尽寒枝，但无论身处何境，他都豁达淡定，因为他坚信"此心安处是吾乡"。陶潜、李白、苏轼用失意人生成就诗意人生，这启示我们：人，应该"诗意地栖居在大地上"（荷尔德林语）。

站在来路与去路之间

值得庆幸的是，从大量的应试之作中，我也常常看到一些洋溢着少年情怀的诗性佳品，真是令人倍感欣慰。在一次以诗在意外，意在言外。
意外之美，皆生活所赠。
世间万千，于不经意间露出温柔痕迹。
只有保持敏锐触角的人，才能发现缝隙里的诗意。

"……的我"为题的考试作文，碧草同学以《站在来路与去路之间的我》深深打动了我们这些饱经风霜的成年人，作者以真情而细腻的笔触描述了自己的初三生活：

> 我不太擅长写自己的故事。我总是写别人，写他们的生活，然后把自己的欢笑和眼泪深深地埋在那些故事之中。回到现实，我依然是个无忧无虑的小丫头片子，循规蹈矩地笑，循规蹈矩地学习，循规蹈矩地生活。
>
> 初三，多么遥远的一个词啊！从前的我常常这么想。可当它真真切切地站在我的面前，当它近得让我触手可及时，我不得不承认时间的飞逝。
>
> 曾以为初三的日子会是"霪雨霏霏，连月不开"，或是"挑灯夜读"，或是"头悬梁，锥刺股"，总之，应该是令人恐惧的。可是，我们依然坐在那个教室，依然穿着那件校服，依然打打闹闹，偷空儿去打一场篮球、看一场电影。一切都好像没有改变。
>
> 在初三，我开始为自己感伤。在十五岁的青春绚烂的回忆中，我慢慢地穿越，穿越一幅幅有着欢笑和泪水的画面，穿越苍山泱水，穿越明亮、感伤而无穷尽的岁月。

诗在意外，意在言外。
意外之美，皆生活所赠。
世间万千，于不经意间露出温柔痕迹。
只有保持敏锐触角的人，才能发现缝隙里的诗意。

"你太伤感了！""拜托，快乐一点嘛！"同学们总这么对我说。我于是说"好吧，我听你们的"，然后给他们一个干净、透明的微笑。

可是，我习惯了。我习惯于站在窗边看窗外的车水马龙，习惯于盯着墙上匍匐而上的爬山虎，习惯于在网上看文章然后把眼泪小心地流出来，习惯于在深夜打一些安静的文字，在咖啡低调而飞扬的香味里，看过去向我微笑、挥手，接着转身离去。

我常常想，那些快乐而没有忧愁的小日子是不是不再回来了？我很想知道：爱丽丝梦游仙境时，是停下来蹲在路边哭泣，还是站起来继续往前走？我不能也不敢蹲下来哭泣，所以我必须站起来继续走，和时间一起轰轰烈烈地向前走，毫不犹豫地向前，再向前。这样一篇记录心情的文字，从头到尾都是真实的。我想，或许等我告别了青春，等我老去的时候，我可以再把它拿出来细细地读，然后，怀念这样一个，站在来路与去路之间的自己。

碧草的文字总是充满青草的气息。这是我在温州实验中学的第一届学生。每每读到她的文字，我都激动不已。在这段青春文字的背后，是作者心灵的记录，它如潺潺流水漫过我的心诗在意外，意在言外。
意外之美，皆生活所赠。
世间万千，于不经意间露出温柔痕迹。
只有保持敏锐触角的人，才能发现缝隙里的诗意。

田，触动了我曾经年轻的心怀，那是些许感伤、些许自豪而又难以泯灭的成长经历。回望已逝去的点点滴滴，回想那些"透明、干净的微笑"，回味那些"在深夜打一些安静的文字"。青春的文字，率真的流露，最能拨动人们心灵深处最敏感、最柔软的情感之弦。这是一个人站在由少年走向青年的门槛上所独有的情怀，这种人生情怀在作者真诚的诉说中弥漫着迷人的诗意。

历史的埋伏

如果说，见花落泪、对月伤神是少年浪漫的情思；那么，豪气干云、放言独语则更是少年情怀中美好的品性。对于项羽，可谓仁者见仁，智者见智。悠悠却不拘陈说，《历史的埋伏》这样写道：

在鸿门宴上，我们的项羽宁让人说成"妇人之仁"，也不愿杀死刘邦；宁愿给后人留下千古长恨，也不吝啬那一个"失足"，或许那根本不是"失足"，而是一种原则，一个英雄的原则！

虞姬患病，人说乃阿房宫里虞母冤魂所致，我们的项羽便不假思索，一把火烧了阿房宫。在熊熊的火光中，我读到了爱情的炙热与坚贞。一个女人，被爱到这个份上，即便他日自刎，也应该是幸福的了！

项羽就像太阳，灿烂过，辉煌过。然而，太阳有升起便有坠落，英雄有煊赫就有沉寂。楚汉之争，十面埋伏，结束了一个英雄的神话。留给后人无尽的嘲讽与惋惜。但，我更愿意相信，我们的项羽，是中了历史的埋伏。

好一句"中了历史的埋伏"！读到这些至情至性的文字，我的眼前立刻浮现出才子李贺的诗句：少年心事当拿云。是啊，这种舍我其谁的气魄和自由独立的思想对一个少年人来说是那么珍贵。这就是思想，一个少年人的思想。思想是作文的灵魂，没有思想的作文犹如没有灵魂的躯体。只要我们精心呵护和谨慎培育自己自由独立之思想，花样少年定会成长为顶天立地的真人，我们的作文当然也会淋漓酣畅、血肉丰盈。

偶　然

如果说，以上两位同学的作品分别从"婉约"和"豪放"两个方面向我们阐释了"诗性情怀"的应有内涵，那么下面这首应试习作则会给我们带来更为悠长的思索。

诗在意外，意在言外。

意外之美，皆生活所赠。

世间万千，于不经意间露出温柔痕迹。

只有保持敏锐触角的人，才能发现缝隙里的诗意。

清晨

晓光微泻　轻风微拂

我穿过茂密的森林

影子斑斑驳驳

心中悲悲切切

一只流萤飞过

我疾步追寻这小小的生灵

好像孩子怕迷失了回家的方向

终于

它停在一处水边

没有鱼

没有石

只有水

我静静蹲下

伸出双臂

浸入水中

想要感受那份难得的清凉

意外地

我捞起了一个漂流瓶

我紧紧地捧在怀里

欣喜若狂

诗在意外，意在言外。
意外之美，皆生活所赠。
世间万千，于不经意间露出温柔痕迹。
只有保持敏锐触角的人，才能发现缝隙里的诗意。

好像孩子怕丢失了心爱的棒棒糖

我不敢打开

怕抖落了那个掺着花香的清晨

我狂奔着

告诉人们

我捡到了泰戈尔的漂流瓶

母亲拂着我的发丝

笑着对我说

孩子，那只是个偶然

这是一篇以"偶然"为话题的应试之作。当我从茫茫的习作中发现这篇作品的时候，我感到"欣喜若狂"。诗中的"我"捧着"泰戈尔的漂流瓶"四处"狂奔"，完全陶醉于"那个掺着花香的清晨"，这是一次诗意而浪漫的"狂奔"，这是诗性情怀的尽情飞扬。"母亲"不经意的话语却轻轻"抖落了""我""那个掺着花香的清晨"。"诗性"和"世俗"轻轻一碰，便碰出了一个迷人的空间，留给我们无尽的思索。诗性的生活在现实的世界面前是多么的不堪一击！正是因为这种"诗性情怀"如此容易破碎，我们才会感受到它的弥足珍贵。

在现实的物质世界里，我们需要这种"诗性情怀"的荫庇，诗在意外，意在言外。
意外之美，皆生活所赠。
世间万千，于不经意间露出温柔痕迹。
只有保持敏锐触角的人，才能发现缝隙里的诗意。

以精神性创造为特质的"作文"更需要这种"诗性情怀"的烛照。我想，走在这条喧嚣纷扰的人生路上，无论是做人还是作文，我们都须谨慎看护那方属于自己的"精神晴空"，不要轻易"抖落了那个掺着花香的清晨"，当然包括我自己。

诗在意外，意在言外。
意外之美，皆生活所赠。
世间万千，于不经意间露出温柔痕迹。
只有保持敏锐触角的人，才能发现缝隙里的诗意。

第三站　万松岭

05　忆江南·走在回江南的路上

万松岭的得名，据说源自白居易"万株松树青山上，十里沙堤月明中"的诗句。万松岭的出名，则源于民间的一个传说。

梁山伯、祝英台曾在万松岭上的万松书院同窗三载，并演绎了"草桥相会""十八相送"等经典爱情故事。正是因为梁祝故事和许仙、白蛇的断桥相会，才给西湖披上了更多浪漫的气息。如果没有这两个传说和诗人们的西湖唱和，西湖也只是一个大水塘而已，少了情趣与诗意。

可以说，西湖是浪漫的江南文化的集中代表，然而，这种诗意浪漫的江南文化情怀正徘徊在物质喧嚣的十字路口。

某日下午，我为西湖边的安吉路实验学校八年级的学生做了一场文化讲座，题目就叫"走在回江南的路上"。

地域差异

中国地域辽阔，形成了比较明显的南北风貌。北方基本上诗在意外，意在言外。
意外之美，皆生活所赠。
世间万千，于不经意间露出温柔痕迹。
只有保持敏锐触角的人，才能发现缝隙里的诗意。

可用四个字来概括，那就是"高原孤烟"，王维的"大漠孤烟直，长河落日圆"可看作对这种地域风貌的生动写照。南方也基本上可用四个字来概括，那就是"小桥流水"，"江南可采莲，莲叶荷田田"可视为对这种地域风貌的形象再现。

陈荣利在《流浪的二胡》中从乐器的视角对这种南北地域的差异进行了生动的描述：风吹草低见牛羊的大草原注定是马头琴的摇篮；大风起兮云飞扬的黄土高坡天生就是唢呐的世界。而小桥流水绕人家的江南则永远是二胡生生不息的磁场。二胡之于江南，恰如杏花春雨之于江南一般的诗意和绵长。

一方水土孕育着一方乐器的生长。是啊，人是自然之子。不同地域风貌往往会孕育出不同性格的人群。这种性格的差异又往往会从人们的发声中得以显现。北方的语言风格基本上是粗犷豪放的，南方的语言风格基本上是轻柔和婉的。这与人们各自生长的地域风貌何其相似。陕西乐曲声调铿锵、音节响亮，使人联想到"大风起兮云飞扬"，而苏州评弹低吟浅唱、轻柔甜美，则使人联想到"近水远山皆有情"。已故的苏州幽默大师张幻尔说："北方人吵架要动手时，便高喊'给你两个耳光！'苏州人吵架要动手时，却说'阿要拨侬两记耳光嗒嗒？'实在是有礼貌，动手之前还要先征求意见：'要不要给你两个耳光？'"

南北的地域差异孕育了人们各自不同的心理结构。北方干

语文
杭州 美得浪

诗在意外，意在言外。
意外之美，皆生活所赠。
世间万千，于不经意间露出温柔痕迹。
只有保持敏锐触角的人，才能发现缝隙里的诗意。

燥少雨，大漠黄土，生存艰难，要想活下去，那里的人不得不与自然进行顽强的抗争，寻求活路，由此孕育了北方人"征服好斗"的深层心理结构；而江南温和湿润，河网交错，人们只须依照四时节令，春种秋收，即可填饱肚皮，加之这里山清水秀，杨柳依依，酒足饭饱之后，人们自会闲居小院看庭前花开花落，任天上云卷云舒，由此孕育了江南人"安逸享乐"的深层心理结构。

文化密码

我们知道，一个人的思想、性格和价值取向往往会受到意识深处的人文话语的影响。这种人文话语体系的形成是十分复杂的，它一般会受到自然地理、人文语境等诸多因素的影响。在我国，有两种比较明显的话语体系，一种是基于北方而形成的政治伦理话语，一种是基于南方而形成的诗意审美话语。政治伦理话语强调的是"士不可以不弘毅，任重而道远"，强调的是奋发图强，人定胜天；而诗意审美话语则强调的是"欸乃一声山水绿"，强调的是诗性审美，享受生活。

不过话得说回来，江南也曾是英雄辈出的地方，也孕育了诸多骁勇善战的斗士，提起卧薪尝胆的勾践，我们仍能感受到那种峥嵘雄健的英豪之气。然而，随着吴越争霸的烟消云散，诗在意外，意在言外。
意外之美，皆生活所赠。
世间万千，于不经意间露出温柔痕迹。
只有保持敏锐触角的人，才能发现缝隙里的诗意。

这种顶天立地的铁骨雄风渐次被江南的烟柳芳草、温柔富贵所掩埋。这也再次证明了地域风貌对人文话语的深刻影响。

如果回眸悠远绵长的历史云烟，我们便会清晰地感受到，"政治伦理的北方话语"和"诗意审美的江南话语"这两种话语体系并非平行发展，而是相互影响的，其中一种往往具有典型的话语霸权。其实，政治伦理的北方话语在中国是具有绝对的话语霸权的，而诗意审美的江南话语却扮演的是被侮辱被损害的角色。由于受到"重北轻南"的文化意识的影响，在中国历史文献上，我们常常看到北方对江南的批评与审判，这从"商女不知亡国恨，隔江犹唱后庭花""山外青山楼外楼，西湖歌舞几时休"等质问中可见一斑。

江南情怀

然而，在中国的历史长河中，诗意审美的江南话语也有过草长莺飞的短暂春天。我们知道，中国历史在秦朝得以统一，从汉朝末年至隋朝重新统一，其间近 400 年，这是中国历史上最悲苦、最混乱的时期，即三国两晋南北朝。在这个狼烟四起、民不聊生的战乱岁月里，人们厌倦了刀光剑影，功名利禄，大量中原世族举家外迁。一切都那么巧，他们一脚踏进了美丽的江南。这里的杏花烟雨涤荡着这些日渐枯瘦的心灵，站在江南

杭 语
州 文
美 得
浪

诗在意外，意在言外。
意外之美，皆生活所赠。
世间万千，于不经意间露出温柔痕迹。
只有保持敏锐触角的人，才能发现缝隙里的诗意。

润湿的土地上，人们向外发现了青山绿水，向内发现了自己内心的深情，于是，一种诗意审美的江南话语暂时战胜了政治伦理的北方话语。他们在江南的曲水流波中放逐自己沧桑的灵魂。

南朝的吴均在给朋友朱元思的信中用"奇山异水，天下独绝"八个字盛赞了杭州富春江的美，而且说富春山水能让那些极力追求名利的人，平息追逐功名利禄的心，能让那些整天忙于政务的人流连忘返。非必丝与竹，山水有清音。这是当时的文人士大夫切身体验到的江南山水的疗愈作用。

1338 年，一生颠沛流离的黄公望晚年定居富阳，终日只在荒山乱石、丛木竹林中静坐，意态忽忽，没有人知道他要干什么。他随身携带画笔工具，走走停停，在细细地观察和揣摩后进行速写记录，等有灵感了再在画卷上画上几笔。他历时十年，以富春江真实山水为蓝本创作了旷世长卷《富春山居图》。此图再现了江南山水的松秀与恩慈，尤其长卷中孤峰凸起，既是现实山峰的写真，也是画家人格性灵的投射（黄公望号"一峰道人"），孤高情怀有谁知，独与天地相往来。

其实，中国文化既需要北方伦理生命的"一览众山小"，也需要有江南审美主体的"鱼戏莲叶间"，从而让生命获得心灵的自由与解放。在今天这个物质喧嚣、忙忙碌碌的现代社会，我们需要给自己的心灵留一方纯净的精神晴空，需要给那些疲于

> 诗在意外，意在言外。
> 意外之美，皆生活所赠。
> 世间万千，于不经意间露出温柔痕迹。
> 只有保持敏锐触角的人，才能发现缝隙里的诗意。

奔命的灵魂提供一处润湿的青草地，我们还是应该拥有一份诗意审美的江南文化情怀。就让我们一起走在回江南的路上……

（本讲座部分观点参考了刘士林：《西洲在何处》，东方出版社 2005 年版）

06　沁园春·假如你是一朵雪花

假如你是一朵雪花，你愿意落在江南的土地上还是北方的旷野上？

我们用这个问题来学习鲁迅散文诗集《野草》中的《雪》。

同学们纷纷表达了他们的观点。有的愿意落在北方的土地上，因为南方的雪美，但是经不住时间的考验，它不能持久；有的一定要落在南方的土地上，因为美丽只要一瞬间就够了，一如断桥残雪，何必天长地久；有的觉得还是落在北方好，因为自己原来一直生活在北方，北方的雪很有气势，落下来很磅礴，积在地上很厚，房屋都是皑皑的一片，而且毛主席有一首词不是也写"北国风光，千里冰封，万里雪飘"吗？

那么问题来了，那朵叫"鲁迅"的雪花愿意落在哪里呢？

诗在意外，意在言外。
意外之美，皆生活所赠。
世间万千，于不经意间露出温柔痕迹。
只有保持敏锐触角的人，才能发现缝隙里的诗意。

坚 硬

我们由此开始进入文本，但并不顺利。

暖国的雨，向来没有变过冰冷的坚硬的灿烂的
雪花。

这第一句，就为难了，先生竟然用"坚硬"来形容雪花。在
我看来，谁说"坚硬"这个词修饰雪花用得不生硬，谁就没有
说实话。这个词的确很生硬，但问题是，先生为什么要这样
写呢？

为了缓解气氛，我引用了著名评论家谢有顺在《词语的冲
突及其缓解方式》一文中的话："我们正面对一个业已完成的语
言世界，词语的规则已经制定，每个人不过是在这些规则里滑
行，以获得一种肤浅的快乐。但是诗歌作为词语的事业，语言
的王冠，它真正的创造性，是对现成的词语规则的一种彻底的
反动。"

按谢有顺的观点，原来鲁迅先生用坚硬描写雪花是对词语
的现有规则进行的一次反动。现在我们看看，先生用坚硬来写
北方的雪，他必须自圆其说，那么下文哪里体现了"坚硬"二
字呢？

诗在意外，意在言外。
意外之美，皆生活所赠。
世间万千，于不经意间露出温柔痕迹。
只有保持敏锐触角的人，才能发现缝隙里的诗意。

但是朔方的雪花在纷飞之后，却永远如粉，如沙，他们决不粘连，撒在屋上，地上，枯草上，就是这样。屋上的雪是早已有消化了的，因为屋里居人的温热。别的，在晴天之下，旋风忽来，便蓬勃地奋飞，在日光中灿灿地生光，如包藏火焰的大雾，旋转而且升腾，弥漫太空，使太空旋转而且升腾地闪烁。在无边的旷野上，在凛冽的天宇下，闪闪地旋转升腾着的是雨的精魂……是的，那是孤独的雪，是死掉的雨，是雨的精魂。

第一句，"如粉，如沙，决不粘连"，可以看出雪的质地是坚硬的，而非柔软的，同时，这一句用八个逗号，在形式上也体现出独立的气质，突出雪的孤独，雪的坚硬。强调了雪与雪之间隔得很开，突出个体的独立，这就叫作语言形式与语言内容达到完美的统一。先生故意让这样的语言有一种断裂感，使得雪仿佛处于一种分离的状态、一种孤独的状态。这种个体是非常独立的，所以同学们感受到的是一种独立、一种自由。

雪蓬勃地奋飞，"如包藏火焰的大雾"，"使太空旋转而且升腾地闪烁"，这里体现出了雪的灿烂与磅礴。北方的雪特别有力量，特别硬朗，一点也不柔软。雪充满着原始的力量，这力量好像是从原始的状态爆发出来的，独立，自由。

"在无边的旷野上"，"旷野"前面加了"无边"，写出了旷野之大，雪花之小，小与大形成对比，更能显示它的孤独。"在凛冽的天宇下"，"凛冽"这个词当然是寒冷的，同学们想象一下：这雪花飘飞的空间是怎么样的？下面是无边的旷野，上面是凛冽的天宇，雪花自由翻飞在天地之间，虽然孤独却自由、快乐、无拘无束、随心所欲。由此可以想象，北方的旷野多么辽阔。

褶　皱

先生写北方的雪是坚硬的，从鲁迅别的作品里面，我们发现他也特别喜欢写这种"坚硬"的意象。你看《野草·风筝》的开头：

> 北京的冬季，地上还有积雪，灰黑色的秃树枝丫叉于晴朗的天空中。

哪个词特别显得硬呢？

同学们发现了"丫叉"二字。尤其那个"丫"字，从字形上看，多么光秃又多么硬朗，不拖泥亦不带水，一如鲁迅照相时诗在意外，意在言外。
意外之美，皆生活所赠。
世间万千，于不经意间露出温柔痕迹。
只有保持敏锐触角的人，才能发现缝隙里的诗意。

的样子，"一脸清苦、刚直、坦然，非常不买账，非常无所谓"。

《野 草》里《颓败线的颤动》一篇，鲁迅写了一个女子，为了家里的生计，没有办法，做了娼妓，后来把一家人养活之后，一家人却感觉到很羞耻，女儿女婿都不理解她，包括她的孙子都不理解她。最后，她举着一片叶子说了一个字：杀。文章这样写道：

> 她在深夜中尽走，一直走到无边的荒野；四面都是荒野，头上只有高天，并无一个虫鸟飞过。她赤身露体地，石像似的站在荒野的中央，于一刹那间照见过往的一切：饥饿，苦痛，惊异，羞辱，欢欣，于是发抖；害苦，委屈，带累，于是痉挛；杀，于是平静。

我们来观察鲁迅的语言。"饥饿，苦痛，惊异，羞辱，欢欣"，五个词；"害苦，委屈，带累"，三个词，"杀"，一个词。一般来讲，每一个分句五个词不好吗？可是先生偏不，而是五个、三个、一个这样排列。而且，前两个"于是"前面的词是两个字的，而最后一个"于是"前面只用了一个字：杀。坚硬，决绝，愤怒，尽在一个"杀"字里。

这就是语言的力量。

诗在意外，意在言外。
意外之美，皆生活所赠。
世间万千，于不经意间露出温柔痕迹。
只有保持敏锐触角的人，才能发现缝隙里的诗意。

鲁迅的语言，充满着这种断裂和褶皱感，读起来皱巴巴的，但感觉特别有味道。

此刻，我突然有个疯狂的想法：有时候我们语文老师，包括我在内，评价一篇文章，喜欢用四个字——语言通顺。我现在想，语言通顺的文章就是好文章吗？通顺的废话有什么用？

我们感觉到，鲁迅这种充满断裂感的语言对当下越来越"丝滑"的语言来说是一种彻底的反动，先生的语言捍卫了汉语的尊严！

孤　独

鲁迅对朔方的雪如此的喜爱，但他也用深情的笔触写了江南雪的完全不同的美学风貌。下面我们通过先生奇妙的语言世界探寻江南雪的特点。

先生用"滋润美艳之至了"来概括。我们一定要留意先生的语言，他非常注重每一个字的力量，请把那个"至"加个重音，"至"者，极点也，"滋润美艳之至了"就是美艳到了极点。我现在要问的是：江南的雪"至"在何处？

同学很快发现"血红的宝珠山茶，隐青的单瓣梅花，深黄的磬口的蜡梅花，还有冷绿的杂草"这一句能体现美艳之至。

是啊，从颜色上体现极致：血红，隐青，深黄，冷绿。红，

> 诗在意外，意在言外。
> 意外之美，皆生活所赠。
> 世间万千，于不经意间露出温柔痕迹。
> 只有保持敏锐触角的人，才能发现缝隙里的诗意。

不是一般的红，是血红；黄不是一般的黄，是深黄；绿不是一般的绿，是冷绿。这些极致的颜色，从侧面烘托出了雪的美艳。

同学们发现先生写堆的雪人"很洁白，很明艳，整个地闪闪地生光"，先生对江南的雪也是倾注了极深的情感。谁不承认江南的雪美，谁就没有说实话。

但是麻烦就在于，先生对北方的雪倾注了情感，对江南的雪也倾注了情感，这个怎么解释呢？我们继续往下看。

"第二天还有几个孩子来访问他；对了他拍手，点头，嬉笑。但他终于独自坐着了。"

先生强调了"独"字。北方的雪是彻底的孤独，江南的雪它想独，独得了吗？那么多花围绕着它，还有那么多人，小孩子来了，大人也来了。他终于独自坐着了的时候，结果"晴天又来消释他的皮肤，寒夜又来使他结一层冰，化作不透明的水晶模样"，他无法"独"，直到死之前，他都没有独过一回，永远地粘在一起。

钱理群先生在《我的精神支柱》中指出，鲁迅强调的是"个体"的人，不是"群体的人"，前者摆脱了对"他者"的依赖关系，从而进入了生命的自由状态。

诗在意外，意在言外。
意外之美，皆生活所赠。
世间万千，于不经意间露出温柔痕迹。
只有保持敏锐触角的人，才能发现缝隙里的诗意。

现在我们明白了，江南的雪，北方的雪，可能象征的是人的两种不同的状态。北方的雪象征的是个体的人，是有独立之思想自由之精神的人；江南的雪象征的是群体的人，成员之间相互依存、相互影响，缺乏独立意识。

一个作家，穷其一生，都在寻找他心中的意象。有些人找到了，于是下笔如有神助；有些人一辈子也找不到，永远徘徊在文学的门外，独自哀伤。鲁迅先生是幸运的，他遇到了"雪"，用雪的两种形态来表现两种不同的人生状态。我实在想不出，除了雪，还有哪个意象能很好地表达这两种不同的人生状态呢？

另外，"假如你是一朵雪花"这个"物化"的表达很有趣，2022年某杂志写作实验室第九期征稿题目也用了类似的表达：

其一：假如你是某种动物（可任选一种动物，狮子、黑猩猩、霸王龙、熊猫、蚯蚓、蜜蜂……），请以该动物物种史官的身份写一篇关于这个物种的简史。

其二：纪晓岚的烟斗，诸葛亮的鹅毛扇，李白的酒壶……各种历史文物陪伴着它们的主人经历风云变幻。假如你是一个历史文物（是哪个朝代、谁用过的、诗在意外，意在言外。
意外之美，皆生活所赠。
世间万千，于经意间露出温柔痕迹。
只有保持敏锐触角的人，才能发现缝隙里的诗意。

什么文物，都可以自行决定），请写一写你经历过的
难忘的事情。

有兴趣的同学，不妨写写看。

07　踏莎行·诗是一步一步走出来的

读古代的诗歌时，我有一个发现，很多古诗都是诗人在路
上一步一步走出来的。

人民教育出版社（2022年版）七年级上册第四课的《古代
诗歌四首》：曹操的《观沧海》、李白的《闻王昌龄左迁龙标遥有
此寄》、王湾的《次北固山下》、马致远的《天净沙·秋思》，就是
典型代表。

上这一课，我想要讲的核心概念是"整合与联系"。我们知
道，整合联系的思维方式对我们未来的工作和生活非常重要。
不少发明创造往往就是把几样互不关联的东西整合在一起，从
而创造出新的东西。比如，国际知名设计师深泽直人在淘宝造
物节发布了"真粉"系列新品。其中一件就是将在中国美术学院
捡到的一块青砖与音箱相联系，造出了一个独特的新品音箱。
又比如，2023年9月4日，一款名为"酱香拿铁"的咖啡在瑞

杭州 语文美得浪

诗在意外，意在言外。
意外之美，皆生活所赠。
世间万千，于不经意间露出温柔痕迹。
只有保持敏锐触角的人，才能发现缝隙里的诗意。

幸咖啡全国门店上架，立刻引发了消费者的热情追捧。这款咖啡的特点是，每杯都添加了53度的贵州茅台酒，让人在品尝咖啡的同时，也能感受到茅台酱香的风味。据瑞幸咖啡官方微博透露，这款联名咖啡单品首日销量突破542万杯，单品首日销售额突破1亿元，创造了咖啡行业的销售奇迹。这就是"整合联系"的魔力！

我们先来读读这四首诗。

观沧海

曹操

东临碣石，以观沧海。

水何澹澹，山岛竦峙。

树木丛生，百草丰茂。

秋风萧瑟，洪波涌起。

日月之行，若出其中。

星汉灿烂，若出其里。

幸甚至哉，歌以咏志。

诗在意外，意在言外。

意外之美，皆生活所赠。

世间万千，于不经意间露出温柔痕迹。

只有保持敏锐触角的人，才能发现缝隙里的诗意。

闻王昌龄左迁龙标遥有此寄

李白

杨花落尽子规啼，闻道龙标过五溪。

我寄愁心与明月，随君直到夜郎西。

次北固山下

王湾

客路青山外，行舟绿水前。

潮平两岸阔，风正一帆悬。

海日生残夜，江春入旧年。

乡书何处达？归雁洛阳边。

天净沙·秋思

马致远

枯藤老树昏鸦，小桥流水人家，古道西风瘦马。

夕阳西下，断肠人在天涯。

从整合联系的角度，我们可以思考这样一个问题：为什么要把这四首诗歌编排在一起呢？他们有什么共同点吗？

诗在意外，意在言外。
意外之美，皆生活所赠。
世间万千，于不经意间露出温柔痕迹。
只有保持敏锐触角的人，才能发现缝隙里的诗意。

你可能会说它们都是诗。没错。马致远的《天净沙·秋思》在体裁上虽是元曲，但从大的范围上讲，它也属于诗。但是这种思维属于比较浅层次的联系，思维几乎还没有发生。

你可能会说，它们都是写景的。是的，而且这些诗都融情于景，一切景语皆情语。

"日月之行，若出其中。星汉灿烂，若出其里。"可见曹操博大的胸襟和远大的抱负。

"杨花落尽子规啼"一句，飘零的落花象征友人的漂泊无定，"子规"二字，又有谐音之效，"子规"即"子归"，子归即你归。愿友人早日归来。这两种景物暗含了李白对友人的深深挂念与关切。

"潮平两岸阔，风正一帆悬。"开阔的江面，孤帆悬于风中，不就是漂泊他乡的游子的象征吗？"海日生残夜，江春入旧年。"新旧交替，一天一天，一年一年，漂泊他乡的游子，却有家不能回，所以才有最后两句："乡书何处达？归雁洛阳边。"句句写景，句句含情。受疫情影响而不能回老家过年的都市人读这首诗时，应该心有戚戚焉吧！

马致远的《秋思》："枯藤老树昏鸦，小桥流水人家，古道西风瘦马。"一句九景，凄凉与温暖交织，更显天涯漂泊者的忧伤。

诗在意外，意在言外。
意外之美，皆生活所赠。
世间万千，于不经意间露出温柔痕迹。
只有保持敏锐触角的人，才能发现缝隙里的诗意。

以上是从情景交融的角度谈五首诗的联系。如果你再进一步思考则会发现，客观外物只是一面镜子，照见的是观者主观的内心世界。或者说，用我们的眼睛去看世间万物，万物都带有我们主观的色彩。这就比较有意思了。

也许，你可能还会脑洞大开，说这四首诗都写了一个"走"字。这就特别有趣了。因为，按我们常规思维是得不出这个答案的，这种思维具有超越性，具有天才的气质，这就是创造性思维，看似脑洞大开，细品却别有趣味。

《观沧海》是曹操组诗《步出夏门行》的第一章，这个"步"字，带有"走"的意思。而且"东临碣石"的"临"，是到达、登临之意，当然也要"走"。

李白的《闻王昌龄左迁龙标遥有此寄》，左迁龙标，就是降职远调龙标（今湖南怀化一带），王昌龄当然要用双脚走到龙标，而"闻道龙标过五溪"中的"过"字，以及"随君直到夜郎西"里的"到"字，都有"走"的意思。

《次北固山下》的"次"，是停宿的意思，有走才会停呀。"客路青山外，行舟绿水前"，"客路"与"行舟"，都与走有关。"海日生残夜"，是太阳在行走，"江春入旧年"，是春水在行走。"乡书何处达"，是书信在行走，"归雁洛阳边"，是大雁在行走。怎一个"走"字了得！

杭州 语文美得浪

诗在意外，意在言外。
意外之美，皆生活所赠。
世间万千，于不经意间露出温柔痕迹。
只有保持敏锐触角的人，才能发现缝隙里的诗意。

　　马致远的《天净沙·秋思》，鸦在飞，水在流，瘦马行古道，夕阳欲西垂，断肠人徘徊天边，也是写了一个"走"字。

　　这非常有趣。我们从这四首诗中发现更为隐秘，也更为本质的共同点，那就是一个"走"字。从某种意义上说，诗不是用手写出来的，而是用双脚走出来的。

　　当今社会，交通发达，高速公路、高铁、飞机，让出行十分便利，它们让我们不费吹灰之力就可以抵达远方。信息高速公路更是让我们足不出户便知天下风光。然而，我们却少了与坚实大地接触的机会。从前车马慢，走一步是一步，一步有一步的体悟；现代人关山度若飞，囫囵之下感官荒废。长此以往，我们将难以感知大地的体温与诗情。

　　学古代诗歌，不仅仅是背诵，也不仅仅是掌握诗歌的表达技巧，更重要的是，我们应像他们一样，行行重行行，走一步是一步，每一步都算数，用我们的双脚去感知大地的心跳与能量。

　　爱尔兰神经科学家沙恩·奥马拉在《我们为什么要行走》中指出行走有助于提高学习力和思考力，在行走中，我们的大脑有了充足的氧气，从而提高记忆力。行走不仅锻炼了我们的肌肉，也锻炼了我们的大脑；行走能改善坏情绪，行走的时候会产生多巴胺，它会让我们充满活力，让我们感觉兴奋与愉悦，诗在意外，意在言外。
意外之美，皆生活所赠。
世间万千，于不经意间露出温柔痕迹。
只有保持敏锐触角的人，才能发现缝隙里的诗意。

是一种不错的解压方式。

正在阅读此书的你，请暂时合上书，解放你的双脚，到户外走一走吧！

08 鹊桥仙·一场说走就走的意象之旅

在学校明亮的教室里，我们在课上表演曹禺的《雷雨》片段。

觐和显的表演真是太有戏了。觐用声音的高低和节奏的快慢，将萦漪的愤怒、乞怜、反抗、不屈等复杂的情绪表现得淋漓尽致，显始终用低沉的音量和耷拉的脑袋表现出周萍的无力、无奈和无望交织的懦弱灵魂，这是一场深入灵魂的演出，再现出人物在命运冲突里内心的挣扎。

此刻，我坐在办公室的工位上，满脑子还是他们表演的场景，尤其最后周萍那句"请你让我走吧"，至今还萦绕在我的耳畔，乞求、无助、希望、挣扎、厌恶、悔恨等各样情绪一股脑儿涌上心头。阅读，最神奇的地方就在于，有时平平常常的一句话，往往能引起自己万千的思绪。

我让学生默念"请你让我走吧"三遍，并以此为题，写一首诗歌，记下此刻的情绪，当然可以与《雷雨》没有任何关系，最诗在意外，意在言外。
意外之美，皆生活所赠。
世间万千，于不经意间露出温柔痕迹。
只有保持敏锐触角的人，才能发现缝隙里的诗意。

重要的是要与自己有关。

博同学写道：

> 请你让我走吧
> 可是又能走到哪里去呢
> 冬天过后，迎来的却是战火
> 导弹从空中飞过，飞机坠毁
> 闪亮的天空，照明了我去往的方向
>
> 空气中弥漫着火药的"香"味
> 大地上飘着静静的烟雾
> 我行走着
> 世界看着我
> 然而它就在那儿看着
>
> 如果寒冬束缚了我
> 那么此刻，春天也没有将我融化
> 可能是因为整个世界都太冷了吧
> 冷得我找不到方向
> 冷得我待在原地

诗在意外，意在言外。
意外之美，皆生活所赠。
世间万千，于不经意间露出温柔痕迹。
只有保持敏锐触角的人，才能发现缝隙里的诗意。

请你让我走吧

世界也许暂时失去了温度

但是在我回来的时候

希望迎接我的是冬天过后的宁静

也是春天到来时的温暖

这首诗用"如果寒冬束缚了我，那么此刻，春天也没有将我融化"这一句，写尽世间寒意与荒凉，表达了一个高中学生放眼全球、胸怀天下的世界观念。

"请你让我走吧，在我回来的时候，迎接我的是冬天过后的宁静，也是春天到来时的温暖。"博表达的就是我们所培养的全球公民的核心素养——采取负责任的行动，促进可持续发展和创造共同福祉，让暂时失温的世界春暖花开。

慧这样写：

或许

在某天的黄昏

回到云中王国

耳边是熟悉的白噪音

眼前是一望无际的原野

诗在意外，意在言外。
意外之美，皆生活所赠。
世间万千，于不经意间露出温柔痕迹。
只有保持敏锐触角的人，才能发现缝隙里的诗意。

天空开始变色 从红到白 忽明忽暗

风起了 星辰却不再闪烁

当第一声鲲鸣划破天空

烛光撕开黑暗

我撑伞来到雨中最大的森林

你点灯去了没有光的大漠

亲爱的旅人

这场旅行

终是孤独与遗憾

我们因光而遇

因遇而散

　　同学们说，读完这首诗会有一种看宫崎骏漫画的感觉：原野、鲲鸣、森林、大漠，辽远而孤独，充满明亮的忧伤。这首诗的视觉意象很独特，是站在未来的角度回望现实的相聚。人生就是一场旅行，所有的相聚最终都是离散，孤独与遗憾就是生活的真相。真正的英雄主义，当是在认识到生活的真相以后依然热爱生活，倍加珍惜当下的相聚时光，因光而聚，逐光而行，享受每一个在学校学习和生活的日子。

　　冉写得很特别：

诗在意外，意在言外。
意外之美，皆生活所赠。
世间万千，于不经意间露出温柔痕迹。
只有保持敏锐触角的人，才能发现缝隙里的诗意。

孤僻的夜

没有让石子扑扇出月光融化成的水

稀薄的晨

蒲公英的种子晕厥在枯黄的枝叶上

乌鸦在海边迷了路

告示牌被皮球撞破

相机洗出的胶片被雨水颠倒过来

我和你的心

也被反着打上了螺丝钉

被风绑在腐朽的甲板上

被雨拍落在沼泽里

被啤酒瓶砸碎

被黄昏那赤红的云灌满

被尖锐的吵闹叫醒

被毒蝎啃咬变成尸屑

请不要眼睁睁地看我

被渔网兜住

被针线圈起

溶成水

或是溶成泥

诗在意外，意在言外。
意外之美，皆生活所赠。
世间万千，于不经意间露出温柔痕迹。
只有保持敏锐触角的人，才能发现缝隙里的诗意。

令人嗤笑的爱
是鸟儿的笑柄

再的诗用了十个"被"字，意象如密集的雨点，不断敲打着读者的心灵，感情的洪水一泻千里。我们正要追问这首诗究竟表达了什么的时候，一种激越的情绪迅速感染了我们，我们开始为作者独特的体验着迷，瞬间陷入作者构建的语言迷宫里。

这就是诗的力量，它不容许你用头脑去分析琢磨，就一下子进入了你的心灵世界。诗拒绝任何中间环节，它要的是心与心的直接融通，任何企图用逻辑分析的方法进入诗歌的努力都是徒劳的，那样的人只能在诗的门外徘徊，永远无法登堂入室。

「情」乃本心之美

徐灏为《说文解字》里的"情"字注笺："发于本心谓之情。"
唐代诗人张九龄《感遇·其一》："草木有本心，何求美人折。"
千言万语情为本。
我们学语文，就是学习做一个知情趣、懂情味、有情怀的人。
情从语文起，一往而深。

第四站　长　桥

09　醉花阴·"花朝"的浪漫与狂欢

杭州西湖有三桥，被喻为"爱情桥"，一是许仙和白娘子相会的断桥，二是苏小小与阮郁约会的西泠桥，还有就是梁山伯与祝英台相送的长桥。

断桥不断靠情连，西泠不冷因情暖，长桥不长情意长。

情，就是那么神奇的东西，一旦被突然袭击，脊椎骨就恍如电击一般，浑身震颤，不能自已。

我在上课的时候，常常也会有这种类似的体会。有时就是因为一个语言点的突然袭击，调动起我所有的知识储备和生活经验，于是就中外古今、书本现实相勾连，忘情地肆意发挥开去，直到下课铃声响起。不过放心，只要铃声响起，不管讲得有多热闹，我都会戛然而止，说到嘴边的半个字也会硬生生被咽回去，给学生留下一个微微弯曲的背影。

上袁宏道的《满井游记》，我被"花朝节"三个字重拳突袭，一讲就讲了 20 分钟，受到听课老师的质疑。那又怎么样呢？我

徐灏为《说文解字》里的"情"字注笺："发于本心谓之情。"
唐代诗人张九龄《感遇·其一》："草木有本心，何求美人折。"
千言万语情为本。
我们学语文，就是学习做一个知情趣、懂情味、有情怀的人。
情从语文起，一往而深

非常珍惜在阅读过程中的这种电光石火般的"突袭感"。

《满井游记》一开篇就写道："燕地寒，花朝节后，余寒犹厉，冻风时作。"然而，课本上对"花朝节"的注解却轻描淡写一笔带过：旧时以阴历二月十二日为花朝节，说这一天是百花的生日。

我们发现，中国古代有很多有意思的节日，但随着时间的流逝，它们渐渐被我们淡忘了。我想，这不仅是对节日本身的漠视，更为要命的是，这个节日所承载的一种诗意的生活方式也正在消逝。

宋人吴自枚在《梦粱录·二月望》里这样写杭州花朝节的盛况："人皆往钱塘门外玉壶、古柳林、杨府、云洞，钱湖门外庆乐、小湖等园，玩赏奇花异木。最是包家山桃开浑如锦障，极为可爱。天庆观燃万盏华灯，士庶拈香瞻仰，往来无数。崇新门外，供香花异果，挂名贤书画，设珍异玩具，观者纷集，竟日不绝。"

这一天，人们走出户外，与大自然进行亲密接触，为百花唱生日快乐歌。这一天，是人们的狂欢，是中国人最富诗意的传统节日。

"节日"的"节"字，原本指竹子长叶、分叉的那个地方。原来，我们祖先是用竹子来比喻我们的日子，平常的日子就像

徐灏为《说文解字》里的"情"字注笺："发于本心谓之情。"
唐代诗人张九龄《感遇·其一》："草木有本心，何求美人折。"
千言万语情为本。
我们学语文，就是学习做一个知情趣、懂情味、有情怀的人。
情从语文起，一往而深。

竹筒，滑溜溜的，一晃就过去了，节日就是竹节部分，我们不愿让所有日子都这么"滑"掉，我们要抓住一些特殊的日子好好地过，精心地过，不一样地过。西方的节日往往是人与人的约定；而中国的节日更多的是人与天的约定，这里的天，指的是"自然"。你看，七夕是人与星星的约定，中秋是人与月亮的约定，重阳是人与山的约定，"花朝节"，当然是人与花的约定。

如今，不少人已经不知"花朝"为何节，"花朝"被我们疏远，可能有很多原因。但我想，它或许能让我们反省：我们是不是活得太现实，我们是不是正在远离自然，不够浪漫，我们是不是应该重建"花朝"的浪漫与狂欢？

我之所以要非常隆重地为大家介绍"花朝节"，其实还有一个非常重要的原因，那就是，这一天，是我十分喜欢的一个人的生日，你能猜到她是谁吗？

她，就是林妹妹林黛玉。

《红楼梦》第六十二回写道：大家给宝玉过生日，因这一天同时又是平儿、宝琴、邢岫烟的生日，大家觉得很有趣。探春就算她们家各人的生日情况来，她说："倒有些意思，一年十二个月，月月有几个生日。人多了，便这等巧，也有三个一日，两个一日的。大年初一也不白过，大姐姐占了去。怨不得她福大，生日比别人就占先。又是太祖太爷的生日。过了灯节，就是大太太和宝姐姐,他们娘儿两个过得巧。三月初一是太太,初九是琏二哥哥。二月没人。"袭人一听,接过探春的话马上说:"二月十二是林姑娘。怎么没人?"

二月十二,不就是花朝节吗?林黛玉的生日正好暗合了这一节日。林黛玉本就是一株花,她是离恨天上三生石畔一棵绛珠仙草。所以,林黛玉一生爱花、赞花、怜花、惜花,是有目共睹的,最是那"黛玉葬花"一幕,让人潸然泪下,爱花如此,不愧为百花之神、花中之魂啊!

从今往后,每遇花朝节,请大家千万不要无视烂漫的春花。走近它,跟它打个招呼,祝它生日快乐,并珍视每一朵花对我们的微笑。

有花盛放且贪看,莫使无花空对枝。

杭州人爱花,似乎已印刻在他们的基因里。吴越王钱镠告诉他的妻子"陌上花开,可缓缓归矣",艳称千古;陆游的"小楼一夜听春雨,深巷明朝卖杏花",再现了诗人陆游客居杭州,为国事忧愁,他辗转反侧,潇潇春雨成了他唯一的陪伴,可是杭州人顾不上这些,天一亮,他们就开始卖花买花赏花啦;宋代吴自牧所著《梦粱录》里记载南宋杭州:"春光将暮,百花尽开,如牡丹、芍药、棣棠、木香、酴醾、蔷薇、金纱、玉绣球、小牡丹、海棠、锦李、徘徊、月季、粉团、杜鹃、宝相、千叶

徐灏为《说文解字》里的"情"字注笺:"发于本心谓之情。"
唐代诗人张九龄《感遇·其一》:"草木有本心,何求美人折。"
千言万语情为本。
我们学语文,就是学习做一个知情趣、懂情味、有情怀的人。
情从语文起,一往而深。

桃、绯桃、香梅、紫笑、长春、紫荆、金雀儿、笑靥、香兰、水仙、映山红等花,种种奇绝。卖花者以马头竹篮盛之,歌叫于市,买者纷然。""纷然"二字,可见杭人对花的挚爱。然而,吴自牧所罗列的这些花我竟有一半不识,真是愧对杭州!

爱花,已经成为杭州人的信仰。

如今,桃花开了,杭人相约赴白堤看桃红柳绿;郁金香开了,人们必去太子湾闻香;西湖第一朵荷花开了,人们争先恐后一睹芳容;桂花开了,人们又要去满觉陇喝茶赏桂,一片桂花飘落茶杯里是最惬意不过的事了;梅花开了,人们又呼朋引伴前往灵峰、西溪探梅;八卦田里看菜花,西泠桥头玩落花,也是他们的最爱;就连杭州高架上也遍种月季,一路繁花从车边闪过,惊呆外地游客。

看花开,闻花香,喝花茶,走花路,四时幽赏,以花为盛。

杭州人浪漫得很嘞,就连杭州亚运会主会场都设计成莲花的形状,而且从杭州滨江区海创基地沿着钱塘江边的樱花跑道,一路奔向亚运主会场"大莲花",全程也是13.14公里,与西湖边的1314路公交线路隔江相望,一如许仙与白娘子断桥相会,梁山伯与祝英台长桥相送,情深意长,一生一世。

10　行香子·春是个可喜的时节吗

读朱自清的散文《春》，我们看到，朱自清笔下的春天是那么美丽，偷偷从土里钻出来的小草，还眨呀眨眼睛的野花，春风带来新翻的泥土的气息，春雨像牛毛，像花针，像细丝，密密地斜织着。一切都是新的，新生，新鲜，欣欣向荣。

然而，与朱自清同时代的丰子恺先生在他的《春》一文中却说，春不是那么可喜的一个时节，还罗列了三个理由：

第一，梅花带雪开了，说是漏泄春的消息。但这完全是精神上的春，实际上雨雪霏霏，北风烈烈，与严冬何异？所谓迎春的人，也只是瑟缩地躲在房间内，战栗地站在屋檐下，望望枯枝一般的梅花罢了！

第二，惊蛰已过，所谓春将半了。住在都会里的朋友想象此刻的乡村，足有画图一般美丽。其实我们住在乡村间的人，并没有感到快乐，却生受了种种的不舒服。一日之内，乍暖乍寒。暖起来可以想起都会里的冰淇淋，寒起来几乎可见天然冰，饱尝了所谓"料峭"的滋味。天气又忽晴忽雨，偶一出门，干燥的鞋子往往拖泥带水归来。"一春能有几番晴"是真的；"小楼一夜听春雨"其实没有什么好听，单调得很，远

徐灏为《说文解字》里的"情"字注笺："发于本心谓之情。"
唐代诗人张九龄《感遇·其一》："草木有本心，何求美人折。"
千言万语情为本。
我们学语文，就是学习做一个知情趣、懂情味、有情怀的人。
情从语文起，一往而深。

不及你们都会里的无线电的花样繁多呢。春将半了，但它并没有给我们一点舒服，只教我们天天愁寒，愁暖，愁风，愁雨。正是"三分春色二分愁，更一分风雨！"

第三，春所带来的美，少而隐；春所带来的不快，多而确。诗人词客似乎也承认这一点，春寒、春困、春愁、春怨，不是诗词中的常谈吗？不但现在如此，就是再过个把月，到了清明时节，也不见得一定春光明媚，令人极乐。倘又是落雨，路上的行人将要"断魂"呢。可知春徒美其名，在实际生活上是很不愉快的。

丰子恺先生讲的这三点，是不是很切实呢？是不是更符合江南的实情呢？反正我觉得是的。尤其像我这样在杭州生活了十多年的人，是深有体会啊。每年过完年，杭州就进入阴雨绵绵的湿冷季节，而且要持续一个来月。

所以，同学们在实际生活中没有体会到朱自清笔下的美感，我觉得是说了实话。这很珍贵。不少同学把语文的话语系统与生活的话语系统割裂了开来，看到花就要赞美它，哪怕自己内心并没有这种感觉；写作文更是怎么高尚怎么来，反正写给老师看，自己心里其实并不这样想。长此以往，我们的作文里就

徐灏为《说文解字》里的"情"字注笺："发于本心谓之情。"
唐代诗人张九龄《感遇·其一》："草木有本心，何求美人折。"
千言万语情为本。
我们学语文，就是学习做一个知情趣、懂情味、有情怀的人。
情从语文起，一往而深

充斥着假话、套话、空话、大话，甚至鬼话，就是缺少人话。人言为信，信就是诚实，就是说自己的心里的话。对作文而言，就是我手写我心，如此而已。语文的语字，拆开看，左边一个言字旁，右边一个吾字，吾就是我，所以，"语"就是说我自己的话。如果我们把语文的话语系统和生活的话语系统割裂开来，就违背了语文的本来目的。

从这个意义上讲，我特别欣赏丰子恺先生的《春》，因为他说了实话。

同学们可能马上就要问：朱自清先生的《春》说的是假话吗？

这种二元对立的观点是要不得的。无论是在语文上，还是在生活里，这种非此即彼、非黑即白、非对即错的思维方式都是非常有害的。

我们应该要问：朱自清笔下的春天为什么是这样美好的？

这就涉及作者写这篇文章的背景。

该文创作时间大约在 1933 年间。此时作者朱自清刚刚结束欧洲漫游回国，与陈竹隐女士缔结美满姻缘，而后喜得贵子，同时出任清华大学中国文学系主任，人生可谓好事连连，春风得意。《春》描写、讴歌了一个蓬蓬勃勃的春天，但它更是朱自清心灵世界的一种真实写照。

> 徐灏为《说文解字》里的"情"字注笺："发于本心谓之情。"
> 唐代诗人张九龄《感遇·其一》："草木有本心，何求美人折。"
> 千言万语情为本。
> 我们学语文，就是学习做一个知情趣、懂情味、有情怀的人。
> 情从语文起，一往而深。

了解了这个背景，你就明白了，朱自清笔下的春天为什么是如此的浪漫、诗意和蓬勃。这实际上是他心灵的春天，精神的春天。

至此，我们是不是可以这样说：丰子恺先生写的是生活的真实，朱自清先生写的是心灵的真实。

在语文学习上，我们比较强调心灵的真实，而往往忽略生活的真实。正因为这样，不少同学会觉得语文课上的有些分析很矫情，很牵强，很虚假。这也是我们语文教学要反思的地方。

从今天起，我希望大家做一个真实的人，当然包括我自己。

另外，我想与大家分享我的学生玫同学曾写下的一篇有关"春"的随笔：

> 万物复苏于春，其实不过是个躁动的季节。
> 一整个冬天，万籁俱寂。在这种冷得人压抑，压抑得人平静的季节，即使竖耳聆听，也难觅得一处生迹。这样的冰冷多好，冰冷得万物都高高挂起，不聒噪一句，一闭眼即能入睡。可春天一到，安静就被打破了。
> 在我看来，春只是个心有余而力不足的挑事者。既然打破了一季节的冷，那就彻底些，可她却是扭扭

杭州
语文美得浪

徐灏为《说文解字》里的"情"字注笺："发于本心谓之情。"
唐代诗人张九龄《感遇·其一》："草木有本心，何求美人折。"
千言万语情为本。
我们学语文，就是学习做一个知情趣、懂情味、有情怀的人。
情从语文起，一往而深

捏捏地用温热的风吹醒会醒的，翻新了之前酸甜苦辣的记忆，然后置之不顾。她没有能力守护那些在阴冷风口瑟瑟发抖的流浪者，更没有能力温暖凉彻心扉的辛酸回忆。她触犯了禁忌，碰触了底线，将万物置于不冷不热难以适应的境界。它们不得不睡眼惺忪地醒了。

她疯了。她玩过火了。她仅用一个季节的时间，演绎出了两个季节的活跃。漫山遍野，均是刚冒出土层几寸的芽尖。它们也硬撑着，任弱不禁风的身子不带一丝防护，只能身不由己地颤抖，晃动的身子跳跃在人眼中，勾起了人的贪欲。于是，人也似醒非醒地增多了活动。一边是不管不顾疯长的野菜，另一边是不满不足狂采的人们，他们不累，看得人也累了。

春就像位不知天高地厚的野性女子。她张扬跋扈，自视过人。她竟不顾一切地吵醒花哨的景物，在不知冷热的微风中搔首弄姿，纤细的枝条好似一吹即断。听到了人们赞不绝口的语句，她似乎更野蛮了，让草愈加地绿，绿得直逼人眼，让花愈多地开，多得眼花缭乱。人就臣服在一片甜美糜烂、灯红酒绿的假象中了。

徐灏为《说文解字》里的"情"字注笺："发于本心谓之情。"
唐代诗人张九龄《感遇·其一》："草木有本心，何求美人折。"
千言万语情为本。
我们学语文，就是学习做一个知情趣、懂情味、有情怀的人。
情从语文起，一往而深。

当世人都盛赞春天时，一个小姑娘，却敢于说出那么一个"不"字，而且理由还很充分，也特别有道理。我非常珍惜同学的这种批判性的思维品质，希望她历尽沧桑，归来仍敢于说出那个"不"字。

徐灏为《说文解字》里的"情"字注笺："发于本心谓之情。"
唐代诗人张九龄《感遇·其一》："草木有本心，何求美人折。"
千言万语情为本。
我们学语文，就是学习做一个知情趣、懂情味、有情怀的人。
情从语文起，一往而深

第五站　苏　堤

11　破阵子·你心目中的理想男性长啥样

带着诗意的回想，穿越净寺的南屏晚钟，我们来到了苏堤。

苏堤，是一条贯穿西湖南北的林荫长堤，共 2797 米，是苏轼任杭州知府疏浚西湖时（1089 年）取湖泥和葑草堆筑而成的。从南往北，堤上有映波桥、锁澜桥、望山桥、压堤桥、东浦桥、跨虹桥等六桥，将苏堤分为七段，宛如上天洒向西湖的七言绝句："六桥横绝天汉上，北山始与南屏通。"苏轼真这样说过。

不知道大家有没有发现，这六座桥的名字几乎都是动宾结构，就是一个动词加一个名词，可是第五座"东浦桥"却不是这样的结构，为何？

如果这六座桥的名字是苏东坡自己取的，那就可以理解了，因为苏东坡就是一个不按常理出牌的人。同时，从美学上讲，如果全是动宾结构，就显得呆板而不灵动啦！

闲暇时，我常常沿着苏堤，从南走到北，看松鼠拖着毛茸茸的尾巴漫游在苍虬的枝丫间，他们仿佛是卡尔维诺笔下住在

徐灏为《说文解字》里的"情"字注笺："发于本心谓之情。"
唐代诗人张九龄《感遇·其一》："草木有本心，何求美人折。"
千言万语情为本。
我们学语文，就是学习做一个知情趣、懂情味、有情怀的人。
情从语文起，一往而深。

"树上的男爵"，那么骄傲，又那么自由；走到苏堤北首，坐在湖边的青石上，远远地望一会儿孤山。孤山四面环湖，是西湖群山中最低的一座，海拔 38 米，但却是西湖眉目之所在，也是杭州的精神地标。我见孤山多妩媚，不知孤山见我为何物？

看完孤山，我又折返从北走到南，风从湖上吹过，鸟儿也欢呼了起来。

南山路入口东坡雕像旁有"苏堤"二字，但这个"堤"字的提土边却写成了双耳旁，游客看到这个字总是疑惑。

"弄不灵清，苏堤是用来听的，晓得哇！"杭人骄傲地解释。

听听，苏轼对杭州的影响，无论怎么高评都不为过。多年以后，杭州在寸土寸金的城西保留了大片湿地，每年深秋，蒹葭苍苍，白露为霜。杭州为此专设一节，唤为"西溪听芦节"。苏轼之于杭州的影响不止于苏堤与东坡肉，更有着人文精神的无声浸润。

1071 年除夕，苏轼在监狱值班，看到那些还不起青苗贷款的农民被关监狱，与家人分离，他内心备受煎熬，便在监狱墙壁写下一首诗：

徐灏为《说文解字》里的"情"字注笺："发于本心谓之情。"
唐代诗人张九龄《感遇·其一》："草木有本心，何求美人折。"
千言万语情为本。
我们学语文，就是学习做一个知情趣、懂情味、有情怀的人。
情从语文起，一往而深

　　除日当早归，官事乃见留。

　　执笔对之泣，哀此系中囚。

　　小人营糇粮，堕网不知羞。

　　我亦恋薄禄，因循失归休。

　　不须论贤愚，均是为食谋。

　　谁能暂纵遣。闵默愧前修。

　　意思是说：除夕本应该回去与家人团聚，但这些交不起税的农民却被关在监狱。底层百姓为了有口饭吃，不得不"违法"，我也不过是贪恋微薄俸禄才来做这看管他们的人。民以食为天，都是为了谋生而已，哪有什么贤愚之分？我多希望能够暂时放他们回家与亲人一起过年，然而，我做不到啊，实在愧对先贤。

　　今天读到这首诗，我们依然能强烈地感受到苏轼那一颗充满同情、紧系杭州百姓的悲悯之心。我们应永续老市长这份菩萨心肠才是。

　　林语堂说苏东坡是"一个无可救药的乐天派、一个伟大的人道主义者、一个百姓的朋友、一个大文豪、大书法家、创新的画家、造酒试验家、一个工程师、一个憎恨清教徒主义的人、一位瑜伽修行者、佛教徒、巨儒政治家、一个皇帝的秘书、酒仙、厚道的法官、一位在政治上专唱反调的人、一个月夜徘徊

徐灏为《说文解字》里的"情"字注笺："发于本心谓之情。"
唐代诗人张九龄《感遇·其一》："草木有本心，何求美人折。"
千言万语情为本。
我们学语文，就是学习做一个知情趣、懂情味、有情怀的人。
情从语文起，一往而深。

者、一个诗人……"

东坡小哥哥的确是男子的天花板。

这些年，时不时见到一些偶像"翻车"，"节操碎了一地"的情况。

你心目中的理想男性长什么样？

一天，我把这个问题抛给我的学生，想听听他们的看法。

女生对此普遍感兴趣，一位女生在走廊叫住我说："杨老师，你布置的作业太有趣了！"

第二天，作业交了上来。

"我心目中的理想男性，敢于质疑权威挑战权威，而不是跟在权威后面亦步亦趋。"一个喜欢研究历史的男生这样说。

一个喜欢独自探索的男生说："男性应该要有狮子一样的力量和菩萨一样的心肠，我所说的力量不只体现在外在，更加指向内心。"

决心致力于科学研究的王同学最佩服的人是理查德·费曼先生。他认为：费曼先生是美国曼哈顿计划中不可或缺的人，更重要的是，他是一个很幽默的人，他曾用撬棍撬开了同事的保险箱，然后还在里面留下了一张小纸条，上面写着"猜猜我是谁"。

这个故事来源于《别闹了，费曼先生》。这本书的名字也好

徐灏为《说文解字》里的"情"字注笺："发于本心谓之情。"
唐代诗人张九龄《感遇·其一》："草木有本心，何求美人折。"
千言万语情为本。
我们学语文，就是学习做一个知情趣、懂情味、有情怀的人。
情从语文起，一往而深

玩，努力成为一个有趣的人吧，虽然并不容易。

男生们普遍认为，理想男性应思想独立，健硕温情，不失幽默。他们对同性的要求真不低呢。高山仰止，景行行止，虽然难至，心向往之。

下面，我们来看看女同学是怎么想的，与男生的看法会不会有所不同呢？

> 我可以理解为是我未来的理想型吗？我希望他又顾家又会赚钱。要求是有点高，为什么呢？因为有一天，我爸让我刷碗我不想刷。我妈说，你现在不训练长大怎么办？我不服气，说我以后找男朋友一定要找会做家务的。然后我妈和我爸异口同声地说：不行，这样的人没出息。我回了一句：哈！那我就找一个又会做家务又会赚钱的男人。我妈和我爸就相视一笑，谁也不说话了。但是我觉得吧，如果真的设一些条条框框的话，没必要，因为我之前看过的一档恋爱综艺节目中的一位嘉宾说过这样一段话：当你的条条框框全被打碎的时候，就是你心动的时候。我希望那个男生能与我一起进步，能有上进心。在我遇到的男生里还没一个是全部符合的，但是人无完人，时候到了总会出现。

> 徐灏为《说文解字》里的"情"字注笺："发于本心谓之情。"
> 唐代诗人张九龄《感遇·其一》："草木有本心，何求美人折。"
> 千言万语情为本。
> 我们学语文，就是学习做一个知情趣、懂情味、有情怀的人。
> 情从语文起，一往而深。

有点小脾气的小许留言说自己写得有点偏题，但我不这样认为，她恰恰写出了自己内心的声音。我们讨论这个话题，最终还是想赋能学生的真实生活，她也一定能与自己心目中的理想男性在下一个路口相遇，因为桥都坚固，隧道都光明。

语文课代表则情动于衷，发之于外，洋洋洒洒，写了近2000 字！

她理想的男性形象，是韩剧《请回答 1988》中的阿泽。一个围棋天才，从小和女主角在一个胡同里长大。他智商很高，但在生活方面简直一窍不通，比如说不会做饭，不会用录音机，不会系鞋带，等等。但他是那种很细腻的男孩子，他从小就喜欢女主角，但一直是暗恋。当他知道一个朋友也喜欢女主角时，他选择放手，将自己藏在心中多年的喜欢放下了。但在女主角最难过的时候，他会及时出现，陪在她身边，最后两人终于走到了一起。

> 现实中我已经遇到了自己的理想男性。他叫唱唱，喜欢玩吉他。我们开始认识对方，是因为我们的共同爱好。他打飞盘打得特好，而我就是一个小白，我是校内赛的队长，常给他透点内幕信息，因为真的很敬佩他，他怎么这么厉害呢？我们还一起上自我认

知课，因为我觉得他这人挺有趣，所以我就选择和他坐一桌了，我们一起聊各自的价值观、梦想之类的。我发现我们挺合得来的。我们经常一起吃饭，去水塘边野餐，一起自习。我是一个很敏感的人，经常会感到难过，想哭，但我又有点害怕在很多人面前哭。他知道这个情况之后，就让我在他面前哭，哭得越大声越好。他会细细地倾听我的委屈，给我一些有效的反馈。在如今这个浮躁且快节奏的环境当中，一个能静下来慢慢听你说话的人真的太少了。他的这份耐心与陪伴让我动心。

我们不难发现，相比较而言，女同学的代入感更强一些，对男性形象的认知直接切换到了未来的理想伴侣。而且，女同学更看重男性的性格和能力。

在信息社会里，写作能力是我们参与社会生活的一项重要的技能。写作能力只有在真实的生活情景中表达才可能得到提升，这好比学游泳，必须在水里摸爬滚打才能学会，站在岸上一味地学技巧，是无济于事的。我期待大家将作文的训练放在真实的生活情境里，在谈论与自己息息相关的话题中，让写作能力也在毫无觉知的状态下暗暗生长。潜移默化，润物无声。

徐灏为《说文解字》里的"情"字注笺："发于本心谓之情。"
唐代诗人张九龄《感遇·其一》："草木有本心，何求美人折。"
千言万语情为本。
我们学语文，就是学习做一个知情趣、懂情味、有情怀的人。
情从语文起，一往而深。

12 定风波·谁能阻止一个男人出海

孙云晓等人在《拯救男孩》一书中指出了男孩的四大危机：学业危机、体质危机、心理危机、社会危机。大意是说，在学业上，女生往往比男生表现得更出色，而男生往往缺少阳刚之气。他们叩问苍天：男子汉到哪里去了？

著名作家梁实秋先生在《男人》中也指出了男人的四大弱点，那就是脏、懒、馋、自私。其文风趣幽默令人回味。比如写男人的"脏"：

> 多少男人洗脸都是专洗本部，边疆一概不理，洗脸完毕，手背可以不湿。有些男人，西装裤尽管挺直，他的耳后脖根，土壤肥沃，常常宜于种麦！两脚既然如此之脏，偏偏有些"逐臭之夫"喜于脚上藏垢纳污之处往复挖掘，然后嗅其手指，引以为乐！

梁实秋的文字可谓一针见血，痛快淋漓，能将男人的"脏"也写得如此生动，这就是文字的神奇之处。

然而，《拯救男孩》一书正式出版的前一天，也就是2009年的最后一天，当所有人都沉浸在迎接新年的喜悦气氛里时，

徐灏为《说文解字》里的"情"字注笺："发于本心谓之情。"
唐代诗人张九龄《感遇·其一》："草木有本心，何求美人折。"
千言万语情为本。
我们学语文，就是学习做一个知情趣、懂情味、有情怀的人。
情从语文起，一往而深

浙江工业大学化学工程与材料学院化学工程专业 0701 班班长杨济源同学因抓捕小偷，在离学校不足 200 米处，离开了我们。人们一方面对杨济源的英勇行为大声讴歌，另一方面对他曾经在他自己博客里的一句话甚为赞赏，那就是："男人可以没才，可以没钱，但是不可以没责任感。"

我们是不是可以这样看，杨济源同学用自己的行动回答了孙云晓们的质问。当然，这样的回答方式未免太残忍了些，我们还是不希望这样类似的惨剧再发生。但是，杨济源同学的那句话还是值得我们每一个男生认真反思回味的。

从教以来，对孙云晓们所言，我也是多少有些感受的。的确，现在不少男孩子身上还是少了一些男人味道的。

不知道为什么，我常常感到这是一个缺"味"的时代，人际交往缺少人情味，语文课堂缺少语文味，流行歌词缺少文化味，农村缺少泥土味，过年缺少年味，男孩缺少男人味。

但是，在我教过的一些男生中，还是有一些男人味十足的男生。记得有一次，我所教的一个班里的一个男生写了一篇文章，题目就叫《谁能阻止一个男人出海》，看完之后，甚为感动，给了他满分。其文大致如下：

虽然身在城市，但城市终留不住我。

徐灏为《说文解字》里的"情"字注笺:"发于本心谓之情。"
唐代诗人张九龄《感遇·其一》:"草木有本心,何求美人折。"
千言万语情为本。
我们学语文,就是学习做一个知情趣、懂情味、有情怀的人。
情从语文起,一往而深。

　　我渴望生活在中世纪的一个海滨小镇,拜师在手艺最好的船木工手下,学会他的所有手艺,然后精心打造出自己的梦想之船,等待某个过路的航海家,挑中我的船,然后追随他出海。

　　谁能阻止一个男人出海?印象中,有个不可一世的大海盗,一边灌着莱姆酒,一边用粗犷的嗓音放声大笑。是的,男儿就该志在大海。在那个时代由于陆上交通受阻,人们纷纷把目光投向充满未知的谜一样的大海。大片大片的黑暗笼罩着当时的世界地图,在那些阴影覆盖下的,是埋藏着黄金的新大陆?是通往另一个世界的入口?还是那茫茫的一成不变的大海?无人知晓。有太多的秘密等待着好奇的人们去发掘。那是一个冒险的时代!是一个激情的时代!是一个人们高声谈论着梦想的时代!敢问今天,试问今天,又有谁能够站在我们面前,拍拍胸膛向世界大声地喊出自己的梦想?

　　这个城市太软弱。车水马龙的街上,行色匆匆的人们低头从身边走过,每个人的脸上都凝聚着不可抹去的沉重。他们没有梦,或许,他们曾经有过。还记得小时候那些嚷嚷着要当总统、要当科学家、要当将军的小孩吗?他们现在到哪里去了呢?是被沉重得

徐灏为《说文解字》里的"情"字注笺:"发于本心谓之情。"
唐代诗人张九龄《感遇·其一》:"草木有本心,何求美人折。"
千言万语情为本。
我们学语文,就是学习做一个知情趣、懂情味、有情怀的人。
情从语文起,一往而深

让人窒息的学业压垮了,是被残酷的无情的现实硬生生给抹杀了,还是被那叫嚣着以人为本的社会给磨灭了?于是乎,总统们、科学家们、将军们不见了,剩下的只是清一色的灰头土脸的上班族。这城市,太黑,太累,太要命。

为何不给我一艘船,让我前往最凶险莫测的大海,让我坐在船舷上看着落日沉入大海,让我能够在甲板上沐浴着自由的海风,让我能够为钓着一条鱼而兴奋不已,让我能够在看见下一座小岛时燃烧起冒险的血液?

谁能阻止一个男人出海?

写出这样热血文字的男生是什么样的呢?

你可能想象不到,他竟是一个低调务实而温暖的人。我记得,初三毕业前夕,学校要为每一个学生进行综合素质评定,班主任要他负责收集同学的荣誉证书复印件。当时有不少同学只带了原件而忘记复印,于是,他就默默地去帮同学复印好了。他就是这样一个暖男,深得老师同学的信赖。所谓文如其人,想必大家已经从他的文字里体会到这个男生的味道了吧!

这个班里还直直地坐着一个安静的男生,他有着超出同龄人的定力,给我留下了特别深的印象。在本书即将定稿时传来

徐灏为《说文解字》里的"情"字注笺:"发于本心谓之情。"
唐代诗人张九龄《感遇·其一》:"草木有本心,何求美人折。"
千言万语情为本。
我们学语文,就是学习做一个知情趣、懂情味、有情怀的人。
情从语文起,一往而深。

喜讯,这位男生在 2023 年国际棋联国际象棋世界冠军赛中,力克俄罗斯棋手涅波姆尼亚奇,成为国际象棋历史上第 17 位世界冠军,他也是第一位来自中国的国象世界棋王。

这个男生就是丁立人。

有棋评人说丁立人看起来很文静,但下棋时杀伐决断十分果敢,绝不拖泥带水,在棋盘上他是一位注重谋略的将军,在生活里他却是一位谦逊低调的绅士。

"一个人的定力,最终决定他能走多远。"董宇辉的话在新时代里显得老派但却很实用。丁立人四岁学棋,坚持 20 多年,终成世界棋王,除了天赋,还有那份永不放弃、默默坚守的定力,这种定力,在今天这个变化不定的时代尤其珍贵,任凭风吹浪打,他自初心不变,坚如磐石。

在变幻莫测的时代里,做一个安静的男子,何尝不是一种魅力?

13 意难忘·谁使吾山之囚吾兮

苏轼高才,也是通才,无论被贬到哪里,他都能以开放的心态接纳、适应甚至享受。因为他深深知道,过去的已经过去,而未来还没有到来,很多的烦恼往往来自对过去的遗憾或对未

徐灏为《说文解字》里的"情"字注笺："发于本心谓之情。"
唐代诗人张九龄《感遇·其一》："草木有本心，何求美人折。"
千言万语情为本。
我们学语文，就是学习做一个知情趣、懂情味、有情怀的人。
情从语文起，一往而深

来不确定性的焦虑，但自己真正能够把握的其实只有当下，譬如到了黄州就吃猪肉，到了惠州就吃荔枝，到了儋州就吃生蚝，他不固执，不纠结，随时而化，随地而化，心安即故乡！

然而，对大多数人而言，知难行亦难，比如柳宗元。

柳宗元在被贬永州的第十个年头以悲伤的笔触写下《囚山赋》，以"谁使吾山之囚吾兮"的悲怆反问集中表达了山水囚禁自己的精神焦虑。

在学柳宗元的《小石潭记》时，我们就以"究竟是什么囚禁了柳宗元"为案由，化身阅读小侦探，从《小石潭记》中去寻找蛛丝马迹，试图为柳宗元破解这个千古之谜。

我们分小组，开始在文字里摸索推敲：

> 从小丘西行百二十步，隔篁竹，闻水声，如鸣珮环，心乐之。
>
> 伐竹取道，下见小潭，水尤清冽。全石以为底，近岸，卷石底以出，为坻，为屿，为嵁，为岩。青树翠蔓，蒙络摇缀，参差披拂。
>
> 潭中鱼可百许头，皆若空游无所依，日光下澈，影布石上。佁然不动，俶尔远逝，往来翕忽，似与游者相乐。

徐灏为《说文解字》里的"情"字注笺："发于本心谓之情。"
唐代诗人张九龄《感遇·其一》："草木有本心，何求美人折。"
千言万语情为本。
我们学语文，就是学习做一个知情趣、懂情味、有情怀的人。
情从语文起，一往而深。

潭西南而望，斗折蛇行，明灭可见。其岸势犬牙差互，不可知其源。

坐潭上，四面竹树环合，寂寥无人，凄神寒骨，悄怆幽邃。以其境过清，不可久居，乃记之而去。

同游者：吴武陵，龚古，余弟宗玄。隶而从者，崔氏二小生：曰恕己，曰奉壹。

水

第一组惊叫着发现：是水是水就是水！大家看，"隔篁竹"，一个"隔"字，意味着寻找的开始，那如珮环和鸣的清越的水声隔着竹林传来，柳宗元的内心是多么的雀跃。"水尤清冽"这句，"尤"是"格外"的意思，这里作者显然暗暗地与别处的水进行了比较，这里的水是与别处不同的，格外清，也格外凉，请注意，"冽"左边是两点水，就是寒凉的意思。这种寒凉的感觉首先是肌肤上的触觉，慢慢就浸入了作者的内心，这里可能是一处伏笔，与文章后面写到小石潭"凄神寒骨"遥相呼应，阅读时须格外留意，否则一不小心，就会忽略过去，从而失去了体验作者细微的内心感受的机会。由此可知，这里水的"寒凉"触发了柳宗元被贬永州的忧伤情绪，水当是"罪魁祸首"。

徐灏为《说文解字》里的"情"字注笺："发于本心谓之情。"
唐代诗人张九龄《感遇·其一》："草木有本心，何求美人折。"
千言万语情为本。
我们学语文，就是学习做一个知情趣、懂情味、有情怀的人。
情从语文起，一往而深

石

第二小组看到第一小组"得意扬扬"的样子，也毫不示弱：哼，"水"太明显了，你们的回答太"水"啦，我们发现"石"才是最大的作案嫌疑。你看，"全石以为底，近岸，卷石底以出，为坻、为屿、为嵁、为岩"。

坻，平坦的石头；屿，陡峭的石头；嵁，凹凸的石头；岩，有孔洞的石头。露出水面的部分虽有四种不同的形态，但"全石以为底"，它们都是一个整体。与海子《西藏》里"一块孤独的石头坐满整个天空，没有任何夜晚能使我沉睡，没有任何黎明能使我醒来"的石头有不少相似之处。它们都是以"整块"的样式出现在我们的视野里的，那么孤独，又那么震撼。

有趣的是，在中国文学里，有两块神奇的石头：一是东海花果山顶的一仙石，受日月精华，内育仙胞。一日迸裂，产一石卵，因风化为石猴，这就是《西游记》里的孙悟空。二是女娲炼石补天之时，于大荒山无稽崖炼成顽石三万六千五百零一块，女娲只用了三万六千五百块，只单单剩了一块未用，便弃在青埂峰下。此石见众石俱得补天，独自己无才不堪入选，遂自怨自叹，日夜悲号。后被茫茫大士、渺渺真人携入红尘，幻化成玉，随贾宝玉一起来到人间。这就是《红楼梦》中的贾宝玉衔玉而诞的来历。

徐灏为《说文解字》里的"情"字注笺:"发于本心谓之情。"
唐代诗人张九龄《感遇·其一》:"草木有本心,何求美人折。"
千言万语情为本。
我们学语文,就是学习做一个知情趣、懂情味、有情怀的人。
情从语文起,一往而深。

"看到石头,无知无识,我就默默流泪。"杭州千岛湖诗人
方向的诗写尽了我们对石头的全部感动。在今天这个风云变幻
的时代里,石头无知无识,始终如一,初心不改,没有被时代
改变,它俨然神话般的存在。孙悟空是这样,贾宝玉是这样,
柳宗元又何尝不是这样?

柳宗元被贬永州,在逆境中始终保持了一位知识分子的节
操和良知,勤奋读书,独立思考,忧国忧民,关注民生。他没
有因仕途失意坠入自我世界,而是以天下为怀,将自己的理想
与天下的理想紧密结合起来,渴望用自己的思想影响时代,即
使自己的理想在现实中无法实现,他也相信有益于后世。

柳宗元就是那块永不改变的石头,他看到小石潭那整块的
石头,有冥冥之中遇知音的感动,那坻、屿、嵁、岩的各种形
态,让他再次看到每一块石头都有它的个性与魅力,他越发坚
信自己的信念,他无法完全沉迷在永州的山水里。

鱼

第三小组迫不及待地表达了对第二组的讲法的认同,并用
写鱼的一段文字加以佐证。

"潭中鱼可百许头,皆若空游无所依,日光下澈,影布石
上,怡然不动,俶尔远逝,往来翕忽,似与游者相乐。"

徐灏为《说文解字》里的"情"字注笺："发于本心谓之情。"
唐代诗人张九龄《感遇·其一》："草木有本心，何求美人折。"
千言万语情为本。
我们学语文，就是学习做一个知情趣、懂情味、有情怀的人。
情从语文起，一往而深

首先，在其中可以读出一个"无"字，"空游无所依"，外在无依无靠，正是不被束缚的自由；"怡"者，发呆也，发呆的感觉就是没感觉，意即无我。这里的鱼外在是"无依"的，内在是"无我"的，所以它才能"俶尔远逝，往来翕忽"，来来往往，轻快敏捷。

中国人讲"无中生有"，这里是"无中生'由'"，从"无"中才能生出自由，生出绝对自由的境界。活在现实的世界里，我们身上背着太多的压力，心里装着太多的事情，难以达到这种绝对自由的境界。所以这里的鱼令柳宗元神往。

然而，这里写鱼的角度却很有意思，作者观察的角度是鱼的影子，"日光下澈，影布石上，怡然不动，俶尔远逝，往来翕忽"。是鱼的影子怡然不动，是鱼的影子俶尔远逝，是鱼的影子往来翕忽。

这里写"鱼影"，从写法上看，属于卡尔维诺"轻逸"的笔法，鱼影比鱼本身更轻逸，这凸显出游鱼的轻快，暗合了作者内心的轻松愉悦；另一方面，影子是不是也可以看作一种暗语，也就是说，对柳宗元来说，此时的快乐只是暂时的，就像影子，一晃而过。这种愉悦的感受，一如水中之月和镜中之花，很快就会消失。

你看，最后一句是"似与游者相乐"，一个"似"字，可以

徐灏为《说文解字》里的"情"字注笺："发于本心谓之情。"
唐代诗人张九龄《感遇·其一》："草木有本心，何求美人折。"
千言万语情为本。
我们学语文，就是学习做一个知情趣、懂情味、有情怀的人。
情从语文起，一往而深。

看出柳宗元的"摇摆"，他与这里的鱼没法完全共情，无法真正地相融相乐，无法达到物我两忘的"不隔"之境。这个"似"字是深刻的，也是沉重的。这个"似"字也是作者情感的转折点，从前面所写的景物中我们可以看到柳宗元是"乐"在其中，乐在石中、乐在树中、乐在鱼中，怎一个"乐"字了得！然而，柳宗元突然醒来，这一切犹如梦幻。于是，他抬起头来，向小石潭的西南方向望去，他看到了什么呢？

"潭西南而望，斗折蛇行，明灭可见。其岸势犬牙差互，不可知其源。"

"斗折"，美则美矣，但却遥不可及；"蛇行"和"犬牙差互"，给人恐惧狰狞之感。都让人难以靠近。最后"不可知其源"一句，我仿佛看到了一个孤独的背影，甚至能看到他茫然迷离的眼神：未来在哪里？哪里才是我的未来？回答只有三个字："不可知"。柳宗元完全陷入了一片茫然之中，他该怎么办呢？下面一段说得很清楚：

"坐潭上，四面竹树环合，寂寥无人，凄神寒骨，悄怆幽邃。以其境过清，不可久居，乃记之而去。"

柳宗元刚开始"隔篁竹闻水声"，因"隔"而"伐竹取道"，寻找小石潭，来到小石潭，短暂的快乐之后便"凄神寒骨"，最终选择了离开，与小石潭终是相"隔"，"隔隔"不入。

徐灏为《说文解字》里的"情"字注笺："发于本心谓之情。"
唐代诗人张九龄《感遇·其一》："草木有本心，何求美人折。"
千言万语情为本。
我们学语文，就是学习做一个知情趣、懂情味、有情怀的人。
情从语文起，一往而深

例　外

　　是啊，柳宗元是在他意气风发的时候从京城被贬到偏远的永州的。中国古代的文人在最孤独的时候总会亲近自然山水，在山水里放牧自己孤苦的灵魂，从而获得治愈和救赎。

　　然而，柳宗元却是个例外。

　　破山中贼易，破心中贼难。

　　柳宗元始终以兴尧舜孔子之道、利安天下苍生为己任，虽远贬他乡，但其信念坚如磐石。再加上，爱妻难产而死；母亲陪他至永州后，不到半年，也染病身亡。儿女没了，妻子没了，母亲没了，一个人，飘零荒野。试问天下苍生，又有几人能真正超脱，飘然隐退？实际上，国人对山水的认识，最初是从道德层面开始的，"仁者乐山，智者乐水"便是代表。但，在柳宗元那里，山水不再是显德的工具，而是他情感、个性的载体。在柳宗元对永州山水书写的背后无不潜藏着他的谪囚心影和精神焦虑。

　　是谁囚禁了柳宗元，或许就是他自己。

　　然而我们还是无法责备柳宗元。

　　因为他的心里装满了国家的责任和天下的苍生。无论在什么样的情况下，他都以忧国忧民为己任，充分地表现了一个文人、一个知识分子兼济天下的情怀。

徐灏为《说文解字》里的"情"字注笺："发于本心谓之情。"
唐代诗人张九龄《感遇·其一》："草木有本心，何求美人折。"
千言万语情为本。
我们学语文，就是学习做一个知情趣、懂情味、有情怀的人。
情从语文起，一往而深。

第六站　浴鹄湾

14　采桑子·做一个有情味的人

来到浴鹄湾，必须好好坐下来欣赏这绝世美景。很多外地游客不知道，偏偏在如此喧闹的黄金地段，藏了一个"避世"的好去处，可以说这里是杭州最江湖的地方，低调隐秘，明明与西湖只有一步之遥，人流量却与之天差地别。没有人的霁虹桥，像金庸笔下的江湖；遥望对岸的黄蔑楼，似黄公望还在此隐居。

元代大画家黄公望曾隐居浴鹄湾高丽慧因寺附近的大痴庵，大痴庵边上就是西湖赤山埠码头，是西湖通往钱塘江的通道之一。这里三面环山，分别是玉岑山、石屋岭、兔儿岭，而筲箕、惠因两泉蜿蜒流淌，汇流经赤山溪注入西湖浴鹄湾。

筲箕泉的"筲箕"，是一种竹编制品，一面平口，其余部分似筛子，纵切面是斜三角形，似海湾状，一般用来过滤煮过的半熟的米饭，以便得到浓稠的米汤。筲箕泉在这里的意思是此处地形像筲箕，这种以物赋形的命名方式在风水学上叫"喝形"。这种"喝形"命名传统，遵循的是"一方山水养一方人"的

徐灏为《说文解字》里的"情"字注笺："发于本心谓之情。"
唐代诗人张九龄《感遇·其一》："草木有本心，何求美人折。"
千言万语情为本。
我们学语文，就是学习做一个知情趣、懂情味、有情怀的人。
情从语文起，一往而深

民间智慧，他们相信什么样的山水就会养出什么样的人，山清则人秀，山顽则人凶，山如筲箕则衣食无忧矣！

后来，黄公望在富阳也找到了与这里类似的筲箕形状的唤作"小洞天"的地方，在此隐居起来。杭州极富情味的山水滋养了黄公望，黄公望也用自己毕生之力画出了《富春山居图》，这是颁给江南山水的大奖。

富阳除了奇山异水天下独绝外，还有清蒸鲥鱼香飘古今。鲥鱼原为海鱼，繁殖季节溯钱塘江而上，在桐庐到富阳之间的富春江产卵。东汉初年，严光帮助刘秀打下江山后便隐居富春江畔钓鱼。刘秀多次邀他入朝做官，他却稳坐钓台，并向刘秀讲述自己钓到时鲜鲥鱼，清蒸下酒的美味："这种美好的生活，难道圣上忍心让我得而复失吗？"

北宋范仲淹特做了一首歌来祭奠严光："云山苍苍，江水泱泱。先生之风，山高水长。"严光和黄公望对富阳真是情深意长，他们把平常的日子过得颇有情味。

我有幸获得过一个大奖，那就是学生阿妮为我颁发的"最有情味奖"！

徐灏为《说文解字》里的"情"字注笺："发于本心谓之情。"
唐代诗人张九龄《感遇·其一》："草木有本心，何求美人折。"
千言万语情为本。
我们学语文，就是学习做一个知情趣、懂情味、有情怀的人。
情从语文起，一往而深。

这一定是我教学以来获得的超级大奖了，没有之一，以前获得的那些省市以及国家级教学比赛一等奖没有办法与之相比，以后恐怕也难有什么奖项可与之匹敌。

这个奖有孤篇横绝的气势，前不见古人，后不见来者，念天地之悠悠，独怆然而泣下：我受之有愧呀，阿妮！

读者朋友，你可能说：老师，你太"凡尔赛"了吧。

嗯，我也觉得有点矫情。

然而，你看完我下面的故事，可能就不会这样说了。

将"最有情味奖"颁给我的原因，竟是源于我的一堂失败的课。

一厢情愿

那天上汪曾祺《昆明的雨》，我信心满满地走进教室，有满肚子的发现要分享给他们。

徐灏为《说文解字》里的"情"字注笺："发于本心谓之情。"
唐代诗人张九龄《感遇·其一》："草木有本心，何求美人折。"
千言万语情为本。
我们学语文，就是学习做一个知情趣、懂情味、有情怀的人。
情从语文起，一往而深

比如写菌子那段，前面写牛肝菌、鸡枞、干巴菌都特别好吃，让人口水直流，结尾却陡然一转："还有一种菌子，中看不中吃，叫鸡油菌。都是一般大小，有一块银圆那样大的溜圆，颜色浅黄，恰似鸡油一样。这种菌子只能做菜时配色用，没甚味道。"

"不中吃""没甚味道"，这种写法，刚刚把读者的胃口吊起来，又被狠狠地摔了下去，文脉意脉都碎了一地，感觉是一败笔。

但我在这次备课的时候，突然发现，这是一处"绝"笔，妙绝的"绝"。

为什么呢？

前面写中吃，这里写中看，这是对物质欲望的超越，由好吃上升到好看。"只有肤浅的人才不以貌取人（菌）"，王尔德说得真好。

前面讲"味道鲜浓，无可方比"，这里讲"没甚味道"，这是对味道的超越，由有味上升到无味，无味之味乃人间至味，一如庄子所说：无用之用乃世间至用。

这样写，其实是对前叙的超越与升华，文脉意脉都直上青云，余音绕于天际，三生三世不绝啊！

又比如："昆明的杨梅很大，有一个乒乓球那样大，颜色黑

徐灏为《说文解字》里的"情"字注笺："发于本心谓之情。"
唐代诗人张九龄《感遇·其一》："草木有本心，何求美人折。"
千言万语情为本。
我们学语文，就是学习做一个知情趣、懂情味、有情怀的人。
情从语文起，一往而深。

红黑红的，叫作'火炭梅'。这个名字起得真好，真是像一球烧得炽红的火炭！"

"这个名字起得真好"，这一句写得真的好！菌子不中吃没事，中看就行，杨梅好不好吃再说，名字好听才好，这又是一种超越，把我们从实用主义的泥潭往上拔了拔，这是一种审美的眼光。

再比如："缅桂盛开的时候，房东（是一个五十多岁的寡妇）就和她的一个养女，搭了梯子上去摘，每天要摘下来好些，拿到花市上去卖。她大概是怕房客们乱摘她的花，时常给各家送去一些。有时送来一个七寸盘子，里面摆得满满的缅桂花！带着雨珠的缅桂花使我的心软软的，不是怀人，不是思乡。"

不是怀人，不是思乡，那是什么呢？这又是一种超越，超越了托物言志、触景生情的固有概念，就是一种单纯的心理愉悦。一个五十多岁的女子，把带着雨珠的缅桂花送给我们，同时把她带着雨珠的生活情味也送给了我们，生活没有干枯，它本就在雨中盛放着，干枯的只有人的心灵，尘世里日益钙化的心房被房东的情味柔润着，"心软软的"。

极富情味的，还有"酒店有几只鸡，都把脑袋反插在翅膀下面，一只脚着地，一动也不动地在檐下站着"。万物静观皆自得，作者能看到鸡的安然自得之态，一定是因为自己内心安

徐灏为《说文解字》里的"情"字注笺："发于本心谓之情。"
唐代诗人张九龄《感遇·其一》："草木有本心，何求美人折。"
千言万语情为本。
我们学语文，就是学习做一个知情趣、懂情味、有情怀的人。
情从语文起，一往而深

静。世界太闹了，唯静，才能看到一只鸡的独立，才能看到鸡的"一动不动"，才能对人间生活充满盎然的兴致。你不妨也抽时间静坐一小时，一些往事、声音、颜色、语言、细节，就会慢慢地在眼前清晰起来。静静地坐吧，你的心，不要扬起尘土，世界自会寻路向你走来。

以上就是备课过程中异常打动我的部分，我太想分享给同学们了，期望他们从中获得教益。

集体笑场

课开始了，我们从学生提问切入：文章倒数第二段的"情味"指什么？

一位同学站起来说："那只鸡太搞笑了！"同学们哄堂大笑。

我本想着引导同学们神情肃穆地去品味这些生活细节里的情味，却硬生生地被笑声和掌声打破，我感受不到半点情味。

"砰"！我把书重重地摔到了讲台上，用愤怒的眼神扫了两遍教室，从右到左，又从左到右，我已经出离愤怒了，就像一个手握"情味"的斗士，寂寞、孤独、彷徨，我说不出一句话来。

我转身愤然在黑板上写下一行字：

请用图文结合的形式写下你生活中感受到的"情味"。

徐灏为《说文解字》里的"情"字注笺:"发于本心谓之情。"

唐代诗人张九龄《感遇·其一》:"草木有本心,何求美人折。"

千言万语情为本。

我们学语文,就是学习做一个知情趣、懂情味、有情怀的人。

情从语文起,一往而深。

教室里安静极了,他们从未见我如此生气过,都低头默默地画着写着。

情味在其中矣

下课后,课代表将同学们的课堂作业放在了我的办公桌上。

翻阅他们的作业,我发现,他们对"情味"是有所理解的。

先看胡静颐同学的作业:

秋日一早,阳光甚好。

一杯热茶,一盆鲜花。

一些小食,一只闲狗。

一本好书,相与陪伴。

坐于窗前,太阳沐浴。

虽有凉风,却仍温暖。

这一早晨,颇有情味。

徐灏为《说文解字》里的"情"字注笺："发于本心谓之情。"
唐代诗人张九龄《感遇·其一》："草木有本心，何求美人折。"
千言万语情为本。
我们学语文，就是学习做一个知情趣、懂情味、有情怀的人。
情从语文起，一往而深

这是承宇同学写的：

在我的故乡，每一位爷爷会为自己的儿子、孙
子拉上一曲二胡小调，他们的目光一下子变得温柔起
来，二胡琴弓在琴弦中舞动。弦伴随弓抖动，在孩子
们好奇的眼光中演奏着抑扬顿挫、婉转的曲线，微微
抖动的琴弦，就像他们不平凡的一生。只是现在都没
有将才艺传下去。

结尾一句，流露出淡淡忧伤，小小年纪，写得有情有意，
其味悠长。

这是米多同学写的：

徐灏为《说文解字》里的"情"字注笺："发于本心谓之情。"
唐代诗人张九龄《感遇·其一》："草木有本心，何求美人折。"
千言万语情为本。
我们学语文，就是学习做一个知情趣、懂情味、有情怀的人。
情从语文起，一往而深。

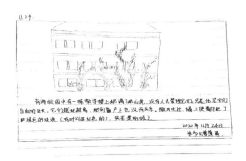

　　育海校园中有一栋教学楼上爬满了爬山虎，没有人去管理它们，只是任凭它们自由地生长。它们越爬越高，爬到窗户上也没有关系。微风吹过，墙上便翻起了绿色的波浪（有时则是红色的），实在美丽极了。

　　最后那句"米多赠葱哥"，让我泪目，也似乎在提醒我：自由生长少感伤，强行管控多沮丧。

　　是呐，我太想把自己的发现告诉他们了，甚至把自己阅读时的体验也强加给了他们，所以，把他们的笑也视为对情味的破坏。

　　第二天，我把同学的作业进行了反馈，狠狠地表扬了他们的作业，同时也无情地批评了自己昨天的课堂行为。然后把一平同学的作业拿来救了场。

杭州 语文 美得 很

徐灏为《说文解字》里的"情"字注笺："发于本心谓之情。"
唐代诗人张九龄《感遇·其一》："草木有本心，何求美人折。"
千言万语情为本。
我们学语文，就是学习做一个知情趣、懂情味、有情怀的人。
情从语文起，一往而深

哪怕争吵不断最终仍和好如初，只有真正的朋友才不会"善待"对方，他们只会残忍地将对方隐藏的好习惯拔出，并将它除去，一边交战，一边进步，只有失去才让人知道珍惜，与其假面相迎，倒不如过上几招。

原来，情味就是彼此真心相对，对一场雨，对一朵菌子，对一颗杨梅，对一只鸡，对每一个人，包括对自己，概莫能外。

所以，同学为我颁的这个"最有情味奖"，与其说是一个奖励，不如说是一个鞭策。

蔡少军先生后来听我说起这一课后淡淡地说："学生在课堂上能笑，说明他们本身就具有情味。"

徐灝为《说文解字》里的"情"字注笺："发于本心谓之情。"
唐代诗人张九龄《感遇・其一》："草木有本心，何求美人折。"
千言万语情为本。
我们学语文，就是学习做一个知情趣、懂情味、有情怀的人。
情从语文起，一往而深。

15 子夜歌・莫说相公痴

汪曾祺是个道地的"吃货"，他哪里是写昆明的"雨"啊，分明就是写"吃"，无论是那又嫩又滑的牛肝菌，还是黑红黑红的火炭梅，无不令人口舌生津。读他的《四方食事》，不过一碗人间烟火，烦恼顿消，觉得活着多么美好。

我们杭州的袁枚，23 岁中进士为官，33 岁辞官归隐。他四处搜罗美食的做法，写成了集中国古代烹饪理论和实践之大成的菜谱——《随园食单》。在《随园食单》中，"戒单"的最后一戒为"戒苟且"。袁枚说："凡事不宜苟且，而于饮食尤甚。"好好吃饭，或是人生最深的滋味。

爱美食爱西湖的张岱，深情写下《陶庵梦忆》和《西湖梦寻》，讲述自己与西湖的故事，他是一个不苟且的人。

只要一想起张岱，雪花便落满了西湖。

他在《陶庵梦忆》里，一篇写湖心亭看雪的文字，颇为绝妙：

崇祯五年（公元 1632 年）十二月，余住西湖。大雪三日，湖中人鸟声俱绝。是日更定矣，余挐一小舟，拥毳衣炉火，独往湖心亭看雪。雾凇沆砀，天与

117

徐灏为《说文解字》里的"情"字注笺："发于本心谓之情。"
唐代诗人张九龄《感遇·其一》："草木有本心，何求美人折。"
千言万语情为本。
我们学语文，就是学习做一个知情趣、懂情味、有情怀的人。
情从语文起，一往而深

云与山与水，上下一白。湖上影子，惟长堤一痕，湖心亭一点，与余舟一芥，舟中人两三粒而已。

到亭上，有两人铺毡对坐，一童子烧酒，炉正沸。见余大惊喜，曰："湖中焉得更有此人！"拉余同饮。余强饮三大白而别。问其姓氏，是金陵人，客此。及下船，舟子喃喃曰："莫说相公痴，更有痴似相公者。"

学这篇文章时，正是一个冬天。

那天，我省略了导语，放弃了激情，一开始，和学生一起，以平和的语气，保持中等音量，读了两遍《湖心亭看雪》。我没有问学生初读的感受，只指着标题中的那个"看"字，告诉孩子们，再次默读这篇文章，看看张岱今夜看到了些什么。

三分钟后，大部分学生都圈出了很多作者所写的景物。我让孩子们走上讲台，每人在白板上写下一样景物。孩子们一个一个走了上来，或端正或潦草地写下了他们最有把握的那个答案，一片空白的白板上爬满了孩子们的字迹。他们大致写了这样一些景物。

鸟　天云山水　长堤　湖心亭　余舟　舟中人　金陵客

118

徐灏为《说文解字》里的"情"字注笺："发于本心谓之情。"
唐代诗人张九龄《感遇·其一》："草木有本心，何求美人折。"
千言万语情为本。
我们学语文，就是学习做一个知情趣、懂情味、有情怀的人。
情从语文起，一往而深。

接下来，我们一起看写"鸟"的句子："大雪三日，湖中人鸟声俱绝。"孩子们读了两遍，发现这里不是写"鸟"，而是写"鸟声"，进而发现"鸟声俱绝"。"绝"者，消失也，鸟声完全消失了。此时的西湖，万籁俱寂，没有人声与鸟声，当然也没有看到鸟。于是，我们将"鸟"轻轻地从白板上擦去，留下一片"无声"的世界。

这就是传说中的"大音希声"，最美的声音乃无声之音。今天的我们，对此应更有体会。每逢节假日，各大景区人声鼎沸，多少失去了些游玩的兴致。我们享受了繁华，却失去了宁静。择一僻静处，独坐看云生，那是多么奢侈的向往。每到此时，我愈加能体悟到"大音希声"的妙处。

张岱在《西湖七月半》中写道："西湖七月半，一无可看，止可看看七月半之人。"达官贵人、名娃闺秀、名妓闲僧、慵懒之徒相拥而出，名为看月实为附庸风雅。可见当时的西湖，已名声大噪，游人如织啦。所以，张岱选择大雪三日更定时分前来游湖，实为躲避人潮，觅"无声"而来，今夜西湖果不负张岱。

天 云 山 水 长堤 湖心亭 余舟 舟中人 金陵客

你看，"雾凇沆砀，天与云与山与水，上下一白"。冰花一片弥漫，上下全白。不知何者为山，何者为水，天云山水融入一片空白之中。我们又慢慢擦去了"天、云、山、水"四字，把空白还给空白，一片白茫茫西湖真干净。

长堤 湖心亭 余舟 舟中人 金陵客

《湖心亭看雪》中最为精妙的句子终于来了："湖上影子，惟长堤一痕、湖心亭一点、与余舟一芥、舟中人两三粒而已。"对于此句，解读甚众，莫衷一是。我让孩子们反复研读这个句子，看看张岱究竟有没有看见长堤。长时间沉默以后，一个学生站了起来，他说：这真有意思，我刚开始的确认为张岱看见了长堤，但后来蓦然发现，这个句子的主语是影子，我被骗了。老师你看，"湖上影子，惟长堤一痕，湖心亭一点，与余舟一芥，舟中人两三粒而已"。从这句话中，我们可以发现张岱看到的只是长堤、湖心亭、余舟以及舟中人的影子而已。在座者，如梦初醒，心领神会。

接下来，我和学生分享了一些写影子的诗文。比如李白的"对影成三人"，比如张三影的"云破月来花弄影"，比如丰子恺的《竹影》，比如何其芳《秋天》中那句："向江面的冷雾撒下圆圆的网,收起青鳊鱼似的乌桕叶的影子。"这句如果去掉"影子"二字,写成"收起青鳊鱼似的乌桕叶",意境就全变啦,诗意的渔夫就成了清理河道的清道夫了(当然我们更应向清道夫致敬)。

然后,我再引导学生结合前一句"雾凇沆砀,天与云与山与水,上下一白",体会写影子的妙处。此时的西湖白茫茫一片,有如丹青圣手铺就的雪白的宣纸,这些影子正好投在这张白纸上,是不是一幅绝世的水墨山水画呢?更为绝妙的是,长堤、湖心亭、余舟以及舟中人,只有通过影子,才可以与西湖进行完美的融合,真可谓天衣无缝啊。大家再进一步想想,天云山水,上下一白,堤亭舟人,又都融入"一白"之中,所有的一切有形之物都隐没了自己的形体,化有形于无形,融为一体,这就是"大象无形"呀!

于是,在学生会心的笑容里,我们将"长堤、湖心亭、余舟、舟中人"又一并擦去。

金陵客

从孩子们的眼神里,我看出他们已经知道,我要向"金陵客"下手了,但是,用什么理由擦去"金陵客"呢?

前面我们讲到此夜的西湖是"无声""无形"的。一切都那

杭州 语文美得浪

徐灏为《说文解字》里的"情"字注笺："发于本心谓之情。"
唐代诗人张九龄《感遇·其一》："草木有本心，何求美人折。"
千言万语情为本。
我们学语文，就是学习做一个知情趣、懂情味、有情怀的人。
情从语文起，一往而深

么巧。张岱接下来的这句话是："到亭上，有两人铺毡对坐。"注意这个"有"字，这就是"无中生有"啊！老子曰："天下万物生于有，有生于无。"王弼注："有之所始，以无为本。将欲全有，必反于无也。"大家可以从文本结构角度，品一品，从"无"到"有"，使行文有了曲折与变化，这就是传说中的"文似看山不喜平"！也可从哲学角度，想一想：张岱对这二人的突然出现，有什么感觉呢？

此时，有"一童子烧酒，炉正沸"，冰清玉洁的西湖一股酒气。只见金陵客拉张岱同饮，张岱"强饮三大白而别"，这个"强"字的意思，有说"尽力"，有说"勉强"，但从读音上似乎可以隐隐觉察出至少不是"酒逢知己千杯少"的意思。简单寒暄后，张岱离去。舟子喃喃曰："莫说相公痴，更有痴似相公者。"文章到此，陡然收笔。似与不似，张岱没有回应，一切尽在"无言"中。孤高情怀有谁知，独与天地相往来。我只好默默地把"金陵客"三字轻轻擦去。

无声，无形，无言。怎一个"无"字了得！

下课铃声响起，此时的白板上，一无所有，一片空白。

《甄嬛传》作者流潋紫听完课后这样评价：

　　说实话，我是杨聪老师课堂的崇拜者，尤其崇拜

徐灏为《说文解字》里的"情"字注笺："发于本心谓之情。"
唐代诗人张九龄《感遇·其一》："草木有本心，何求美人折。"
千言万语情为本。
我们学语文，就是学习做一个知情趣、懂情味、有情怀的人。
情从语文起，一往而深。

他的才情横溢与洒脱自然。一堂课下来，欢声笑语不断，惊喜亮点不断，连有些怯场的学生都被引导得文思飞扬，而杨聪老师恰到好处的点拨与点评更让一堂课增色不少。杨聪老师的课，不只是一堂语文课，而是文科课，历史、自然、人文、情怀，明末风物，西湖雪景，无一不历历在目。他的课堂，学生是动起来的，不只听，更是主动参与和表达，去赴和张岱的一场五百年前的约会。学生何其有幸，做了那一回张岱，痛快淋漓。

「读」系凝视之美

你凝视着书，书也凝视着你。
你见文字多妩媚，料文字见你亦如是。
阅读让我们辽阔。

第七站　茅家埠

16　望海潮·故人潮边有所思

茅家埠位于西湖以西，东望杨公堤，西接龙井路。

《武林旧事》记载，旧时在此居住的大多是茅姓人家，以采茶养蚕为生；又由于这里是前往灵隐寺上香的香客们弃舟登岸的码头，因此这一带商埠云集，酒肆茶楼林立，热闹至极。到20世纪40年代后期，由于从湖滨到灵隐开通了公路，游客改乘汽车前往灵隐寺，这条"上香古道"才渐渐沉寂。而现在的茅家埠反倒成为游人如织的西湖边难得的清幽之地，沿着木板搭起的宛转小径漫步于疏竹丛苇间，或是坐在茅草丛中听风，颇有野趣。

《武林旧事》是周密在南宋覆灭后入元不仕，专心著述而成。其中有《观潮》一篇，写尽杭人观潮之盛况：

> 浙江之潮，天下之伟观也。自既望以至十八日为最盛。方其远出海门，仅如银线；既而渐近，则玉

127

城雪岭，际天而来，大声如雷霆，震撼激射，吞天沃日，势极雄豪。杨诚斋诗云"海涌银为郭，江横玉系腰"者是也。

每岁，京尹出浙江亭教阅水军，艨艟数百，分列两岸；既而尽奔腾分合五阵之势，并有乘骑弄旗标枪舞刀于水面者，如履平地。倏尔黄烟四起，人物略不相睹，水爆轰震，声如崩山。烟消波静，则一舸无迹，仅有"敌船"为火所焚，随波而逝。

吴儿善泅者数百，皆披发文身，手持十幅大彩旗，争先鼓勇，溯迎而上，出没于鲸波万仞中，腾身百变，而旗尾略不沾湿，以此夸能。而豪民贵宦，争赏银彩。

江干上下十余里间，珠翠罗绮溢目，车马塞途，饮食百物，皆倍穹常，时而僦赁看幕，虽席地不容间也。禁中例观潮于"天开图画"。高台下瞰，如在指掌。都民遥瞻黄伞雉扇于九霄之上，真若箫台蓬岛也！

《观潮》着眼于"潮"，立足于"观"。"观"者"看"也。学这一篇，我们以"看"为着眼点，从"周密看到了什么"、"你看出了什么"和"我们看见了什么"三个方面来学习，意在构筑你凝视着书，书也凝视着你。
你见文字多妩媚，料文字见你亦如是。
阅读让我们辽阔。

起"平衡—不平衡—平衡"的阅读心理模式，从"是什么"的层面进入"为什么"的层面，从"文本地面"真正走进一位南宋遗民的内心深处，领悟周密对昔日临安繁华追忆背后的深层文化动因。

从文中，我们可以读出周密见证了南宋临安的繁华热闹，目睹了黎民的悠游闲适的生活，这一切在周密的心中就是太平盛世的象征。

那么，南宋真的是一个太平盛世吗？带着这个问题，我们进入第二层次探讨：你看出了什么？

同学发现，南宋始于高宗赵构（徽宗第三子），1138 年迁都临安（今杭州），南宋王朝极其懦弱，偏安一隅，奸臣当道，堪称最软弱的王朝，1279 年被元兵所逼，丞相陆秀夫负卫王（度宗第三子，在位 1 年）投海自尽，卫王时年 8 岁。南宋灭亡。

南宋灭亡肯定存在着太多太多的原因，这可能是属于历史课探究的范畴。然而我们是不是也可以从《观潮》中发现南宋灭亡的一些原因呢？

我们再读《观潮》，发现南宋很多上层人物不理朝政，却来看表演，就连一国之君也不思进取，苟且偷安。国家该怎么办？

山外青山楼外楼，西湖歌舞几时休？暖风熏得游
人醉，直把杭州作汴州。

林升也写诗对这类现象进行了讽刺。

另外，那些水军的表演只是花拳绣腿，其实他们是缺乏战
斗力的，真正去打仗肯定不行。他们表面上本领高强，实际上
只是一种表演，只是为"豪民贵宦"表演而已。史料记载：

元军南犯，宋军战船数千，舳舻相接，不堪
一击。

那么，《观潮》选自《武林旧事》，写于南宋灭亡之后。周密
对此类行为不但不反思，为什么还对此津津乐道欣赏留恋呢？
你从中能看见些什么？

南宋灭亡后，周密深感亡国飘零之痛，在残山剩水之间过
着苟延残喘的遗民生活，对昔日临安繁华的追忆，既包含着周
密内心无限的感伤，也包含着他对南宋君主的留恋。

另外，清华大学人文学院教授葛兆光在《宋代"中国"意识
的凸显》里讲：

你凝视着书，书也凝视着你。
你见文字多妩媚，料文字见你亦如是。
阅读让我们辽阔。

　　大约在春秋战国时代，就已经形成了与南夷北狄相对应的"中国"概念……古代"中国人"始终相信自己是天下的中心，汉文明是世界文明的顶峰，周边的民族是野蛮的、不开化的民族……这种情况一直延续到唐代中叶才发生了根本性的变化，而到了宋代，这种变化更是剧烈（周边少数民族的渐次强大）……由于知道"中国"不等于"天下"，面对异邦的存在，赵宋王朝就得在想方设法抵抗异族的侵略之外，凸显自身国家的合法性轮廓，张扬自身文化的合理性意义……对于异族文明的抵制最普遍地表现在对固有文明的阐扬和夸张，拒斥着异族或者说异端文明的入侵和渗透。

（葛兆光. 宋代"中国"意识的凸显：关于近世民族主义思想的一个远源 [J]. 文史哲，2004(1):5-12.）

　　所以，周密可能想通过《观潮》来"张扬自身文化的合理性"。我们是不是可以这样认为：周密对昔日临安繁华的追忆，其实有着深远的文化渊源；他实际上是对异族文明入侵的拒斥，是对北宋以来"张扬自身文化的合理性意义"的主流文化意识的坚守，是对"固有文明的阐扬"；他仍在"试图证明'中国'（宋王国）的正统性和'文明'（汉族文化）的合理性"。由此，我们

131

是不是可以说，周密对前朝繁华追忆的背后实际上是他在"文化"上的坚守与不妥协。

从接受美学的角度看，教材是潜在的文本，而不是现实的文本，它只有在师生创造性的阅读中才能获得现实的存在和生命。对一个文本的学习，应是一个跑的过程，其间充满变化与生机。作为跑的过程，知识的学习是重要的，但更重要的是对文化的理解与传承。

学习《观潮》。我们先从传统阐释学的角度读懂文本——周密看到了繁华，达到认知结构上的"平衡"态势；接着引入相关材料去解构文本，从而颠覆旧的"平衡"态势，形成"不平衡"的态势——我看出了南宋的软弱；然后再通过对周密的"对昔日临安繁华追忆"背后的"文化意识"的解密，从而达到新的"平衡"——我们看见了文化的坚守。于是，我们便在"平衡—不平衡—再平衡"的动态平衡中让自己对文本的解读和自己的思想一起走向深入。尤其在今天这个风云巨变的时代，我们更应有自己的文化自信和坚守。

通过这一课，我们看见，读书，也是要有点胆量的，更是一场精神冒险，我们要敢于从文本出发，左冲右突，大胆探索，说不定就能抵达"柳暗花明又一村"的妙境。

你凝视着书，书也凝视着你。

你见文字多妩媚，料文字见你亦如是。

阅读让我们辽阔。

17　闲中好·有意思吗

记得一个春天的午后，我和同学研习卡尔维诺的《呼喊特丽莎的人》：

> 我迈出人行道，朝后退几步，抬起头，然后，在街中央，双手放在嘴上作喇叭状，对着这一街区的最高建筑物喊："特丽莎！"
>
> 我的影子受了月亮的惊吓，蜷缩在我的两脚之间。
>
> 有人走过。我又叫了一声："特丽莎！"那人走近我，问："你不叫得响一点，她是听不到的。让我们一起来吧。这样，数一二三，数到三时我们一起叫。"于是他数："一，二，三。"然后我们一齐吼："特——丽——莎——！"
>
> 一小撮从电影院或咖啡馆里出来的人走过，看见了我们。他们说："来，我们帮你们一起喊。"他们就在街心加入了我们的行列，第一个人数一二三，然后大家一齐喊："特——丽——莎——"
>
> 又有过路人加入我们的行列；一刻钟后，就成了一大群人，大约有20个吧。而且还不时地有新成员

加入。

　　要把我们这么一群人组织起来同时喊叫可不容易。总是有人在没数到"三"之前就叫了，还有人尾音拖得太长，但最后我们却相当有效地组织起来了。大家达成一致，就是发"特"音时要低而长，"丽"音高而长，"莎"音低而短。这样听上去就很不错。当有人退出时，不时地会有些小口角。

　　正当我们渐入佳境时，突然有人——如果是从他的嗓音判断，他一定是个满脸雀斑的人——问道："可是，你确定她在家吗？"

　　"不确定。"我说。

　　"那就太糟了，"另一个说，"你是忘了带钥匙，对不对？"

　　"其实，"我说，"我带着钥匙。"

　　"那么，"他们问，"你为什么不上去呢？"

　　"哦，可我不住这儿，"我说，"我住在城市的另一头。"

　　"那，恕我好奇，"满脸雀斑的声音很小心地问，"那到底是谁住在这儿？"

　　"其实我也不知道。"我说。

　　人群似乎有些失望。

你凝视着书，书也凝视着你。
你见文字多妩媚，料文字见你亦如是。
阅读让我们辽阔。

"那能不能请你解释一下，"一个牙齿暴露的声音问，"你为什么站在这儿的楼下喊'特丽莎'呢？"

"对于我来说，"我说，"我们可以喊其他名字，或换个地方叫喊。这并不重要。"

他们有些恼怒了。

"我希望你没有耍我们！"那雀斑声音很狐疑地问。

"什么？"我恨恨地说，然后转向其他人希望他们能为我的诚意做证。那些人什么也没说，表明他们没接受暗示。

接下来有一阵子的尴尬。

"要不，"有人好心地说，"我们一起来最后叫一次特丽莎，然后回家？"

这样我们就又叫了一次。"一二三特丽莎！"但这次叫得不太好。然后人们就纷纷回家了，一些人往东，一些人往西。

我快要拐到广场的时候，我想我还听到有声音在叫："特——丽——莎——"

一定是还有人留在那儿继续叫。有些人很顽固。

（卡尔维诺.迷人的花园 [M].卡尔维诺短篇小说集，北京：

你凝视着书，书也凝视着你。
你见文字多妩媚，料文字见你亦如是。
阅读让我们辽阔。

时代华文书局，2016.）

面对本文，同学和我刚读到时一样，一头雾水，"什么玩意儿，太无聊了吧"。

"好吧，为什么不把无聊进行到底呢？"我得意地盘算着。

于是，我组织同学加入呼喊"特丽莎"的行列，要求他们发"特"音时低而长，"丽"音高而长，"莎"音低而短。几经排练，学生站起来，面对并不存在的"特丽莎"高声呼喊，一遍又一遍，整齐、婉转而有气势。

学生喊得有些累了，我让他们坐下谈感受。

一个叫女生站起来说："何必呢？"

三个字，像三把尖锐的小刀直刺我心，我不敢相信自己的耳朵，连续问了三遍。最后确认，是的，就这三字。何必呢？你要我们这样喊，何必呢？在公开课上这样喊，何必呢？在公开课上一遍又一遍地这样喊，何必呢？

这就是她的感受，挺真实的。

接下来我问：真相大白之后，你们是选择回家还是留下继续呼喊？

很多同学都选择回家。他们说，这是一次没有意义的呼喊，是浪费时间，甚至有学生说，与其做这些没有任何意义的事，不如早点回家完成家庭作业。

你凝视着书，书也凝视着你。
你见文字多妩媚，料文字见你亦如是。
阅读让我们辽阔。

后来，我的语文科代表站起来说："为什么一定要追求意义？"

此语一出，震动全场，真可谓一语惊醒梦中人。刚才还在用有无"意义"的标准来评判这次呼喊行为的同学，思维一下子被触动了。

是啊，为什么一定要追求意义呢？

我们生活在一个以追求"意义"为主旨的社会里，我们的耳畔常常充斥着"你这样做有意义吗？""你这样做的意义是什么？"等等，学生长期接受的也是这样的教育，追求"意义"的生活已经深入他们的内心深处，像小草一样春风吹又生。

然而，《呼喊特丽莎的人》却是一次取消意义的呼喊。这与我们的文化背景与思维习惯背道而驰。也难怪同学要质疑我的教学环节，纷纷选择逃离无意义的呼喊现场。

学这个文本，我就是想颠覆同学旧有的思维方式，告诉大家，高速发展的工业和科技将物质世界变得拥挤，精神世界也在形形色色的限制和竞争中变得坚硬，我们生活的世界无比沉重。很多事，不能只奔着"意义"而去。

光阴，有时候也是可以用来虚度的。

其实，做事前先想一想有无意义，本也没错，只是，人一辈子，目的性太强，是不是也活得太沉重了些呢？我在想，有些时候，我们是不是也可以放下"意义"，问一问：有意思吗？

那天听完课的一个老师给我发来邮件："你好！我是今天坐在下面听你课的老师，很喜欢你的课。我觉得在这堂课上你就是那个第一个呼喊'特丽莎'的人，而学生则是因你聚拢过来，等你走了后还'顽固'地呼喊特丽莎的人，不为别的，只为呼喊。"

我特别喜欢卡尔维诺这种创作上的"轻逸"的笔法。

大家可能还记得 2022 年北京冬奥会开幕式的点火仪式。通常意义上，奥运会点火仪式是开幕式的最大亮点，最后奥运圣火将熊熊燃烧，昭示着奥林匹克精神生生不息。而在张艺谋的主导下，北京冬奥会的点火仪式采取了不点火的形式，最后以火炬的"微火"与雪花的组合来作为冬奥会的圣火，这个创意是百年奥运史上第一次！

以一支轻巧的火炬代替熊熊燃烧的圣火，可谓以小见大、举重若轻，既巧妙回应了当今时代人们对低碳生活方式的推崇，又暗合了"星星之火，可以燎原"的喻义，妙哉！

在卡尔维诺看来，"轻"代表着各种自然力量的细小轻巧，"重"指向外部世界和生活，如沉重的大地、沉重的生活负担等等。

卡尔维诺把"轻"看作观察和表现外部世界和生活的依据，

他说："我写了四十年小说，探索过各种道路，进行过各种实验，现在该对我的工作下个定义了。我建议这样来定义：我的工作常常是为了减轻分量，有时尽力减轻人物的分量，有时尽力减轻天体的分量，有时尽力减轻城市的分量，首先是尽力减轻小说结构与语言的分量。"

（卡尔维诺.新千年文学备忘[M].黄灿然，译，南京：译林出版社，2009.）

卡尔维诺甚至认为，"轻"不仅是文学独特的呈现方式，而且是人类根本的生存方式，"文学是一种生存功能，是寻求轻松，是对生活重负的一种反作用力"。从古希腊神话中的珀尔修斯到《十日谈》中的卡瓦尔康提，再到莎士比亚笔下顽皮的小妖、缥缈的精灵，凡此种种，都呈现出这样一个事实："轻"其实是一个人类古老的存在尺度，它体现的是一种诗性智慧。

去年，"松弛感"在中文社交媒体爆火，这也可看作对这个古老尺度的呼应。网友把面对失控的事态还能泰然处之的轻松心态概括为"松弛感"，引发了广泛共情。如今，"松弛感"已经扩张为一个包罗万象的形容词，穿搭风格、气质范本，乃至生活方式所表现出的放松状态，都可以被称作"松弛感"。实际上，在内卷焦虑的时代里，"紧张"做不好任何事，唯有保持"轻松"的状态，才有可能得偿所愿。

18 永遇乐·多有意思的"意思"

在中国作家里，沈从文先生算是特别有意思的一个人，但我的学生初读沈从文《云南的歌会》（义务教育教科书编写组.语文[M].八年级下册.北京：人民教育出版社，2008：124-128.）时，总感觉没什么意思。其实，它是一篇很有意思的文章，可惜现在的语文教材没有选入这篇文章，我把它摘录如下：

> 云南本是个诗歌的家乡，路南和迤西歌舞早著名全国，这一回却更加丰富了我的见闻。
>
> 这是种生面别开的场所，对调子的来自四方，各自蹲踞在松树林子和灌木丛沟凹处，彼此相去虽不多远，却互不见面。唱的多是情歌酬和，却有种种不同方式。或见景生情，即物起兴，用各种丰富譬喻，比赛机智才能。或用提问题方法，等待对方答解。或互嘲互赞，随事押韵，循环无端。也唱其他故事，贯穿古今，引经据典，当事人照例一本册，滚瓜熟，随口而出。在场的既多内行，开口即见高低，含糊不得，所以不是高手，也不敢轻易搭腔。那次听到一个年轻妇女一连唱败了三个对手，逼得对方哑口无言，于是轻轻地打了个呵喝，表示胜利结束，从荆条丛中站起

你凝视着书，书也凝视着你。
你见文字多妩媚，料文字见你亦如是。
阅读让我们辽阔。

身子，理理发，拍拍绣花围裙上的灰土，向大家笑笑，意思像是说，"你们看，我唱赢了"，显得轻松快乐，拉着同行女伴，走过江米酒担子边解口渴去了。

这种年轻女人在昆明附近村子中多的是。性情开朗活泼，劳动手脚勤快，生长得一张黑中透红枣子脸，满口白白的糯米牙，穿了身毛蓝布衣裤，腰间围个钉满小银片扎花葱绿布围裙，脚下穿双云南乡下特有的绣花透孔鞋，油光光辫发盘在头上。不仅唱歌十分在行，而且大年初一和同伴各个村子里去打秋千(用马皮做成三丈来长的秋千条，悬挂在高树上)，蹬个十来下就可平梁，还悠游自在，若无其事！

在昆明乡下，一年四季，早晚都可以听到各种美妙有情的歌声。由呈贡赶火车进城，向例得骑一匹老马，慢吞吞地走十里路。有时赶车不及，还得原路退回。这条路得通过些果树林、柞木林、竹子林和几个大半年开满杂花的小山坡。马上一面欣赏土坎边的粉蓝色报春花，在轻和微风里不住点头，总令人疑心那个蓝色竟像是有意模仿天空而成的；一面就听各种山鸟呼朋唤侣，和身边前后三三五五赶马女孩子唱着各种本地悦耳好听的山歌。有时面前三五步路旁边，忽然出现个花茸茸的戴胜鸟，蓬起头顶花冠，瞪着个油亮亮的眼睛，好像对于唱歌也发生了兴趣，经赶马女孩子一喝，才扑着翅膀掠地飞去。这种鸟大白天照例十分沉默，可是每在晨光熹微中，却欢喜坐在人家屋脊上，"郭公郭公"反复叫个不停。最有意思的是云雀，时常从面前不远草丛中起飞，一面扶摇盘旋而上，一面不住唱歌，向碧蓝天空中钻去，仿佛要一直钻透蓝空。伏在草丛中的云雀群，却带点鼓励的意思相互应和。直到穷目力看不见后，忽然又像个小流星一样，用极快速度下坠到草丛中，和其他同伴会合，于是另外几只云雀又接着起飞。赶马女孩子年纪多不过十四五岁，嗓子通常并没经过训练，有的还发哑带沙，可是在这种环境气氛里，出口自然，不论唱什么，都充满一种淳朴本色美。

大伙儿唱得最热闹的叫"金满斗会"。有一次，由村子里人发起，到时候住处院子两楼和那道长长屋廊下，集合了乡村男女老幼百多人，六人围坐一桌，足足坐满了三十来张矮方桌，每桌各自轮流低声唱《十二月花》，和其他本地好听曲子。声音虽极其轻柔，合起来却如一片松涛，在微风荡动中舒卷张弛不定，有点龙吟凤哕意味。仅是这个唱法就极其有意思。唱和相续，一连三天才散场。来会的妇女占多你凝视着书，书也凝视着你。
你见文字多妩媚，料文字见你亦如是。
阅读让我们辽阔。

数，和逢年过节差不多，一身收拾得清洁索利，头上手中到处是银光闪闪，使人不敢认识。我以一个客人身份挨桌看去，很多人都像面善，可叫不出名字。随后才想起这里是村子口摆小摊卖酸泡梨的，那里有城门边挑水洗衣的，打铁箍桶的工匠，小杂货商店的管事，乡村土医生和阉鸡匠，更多的自然是赶马女孩子、不同年龄的农民和四处飘乡赶集卖针线花样的老太婆，原来熟人真不少！集会表面说是避疫免灾，主要作用还是传歌。由老一代把记忆中充满智慧和热情的东西，全部传给下一辈。反复唱下去，到大家熟习为止。因此在场年老人格外兴奋活跃，经常每桌轮流走动。主要作用既然是在照规矩传歌，那么不问唱什么都不犯忌讳。就中最当行出色的是一个吹鼓手，年纪已过七十，牙齿早脱光了，却能十分热情整本整套地唱下去。除爱情故事，此外嘲烟鬼，骂财主，样样在行，真像是一个"歌库"（这种人在我们家乡则叫做歌师傅）。小时候常听老太婆口头语，"十年难逢金满斗"，意思是盛会难逢，参加后才知道原来如此。

在选入教材的这段文字，沈从文先生两处提到"意思"一词。一处是在第四段"最有意思的是云雀"，言外之意是前面所

143

写的也是有"意思"的；还有一处是第五段"仅是这个唱法就极其有意思"，言外之意是后面所写的更有"意思"。由此看来，"意思"就是贯穿全文的主线。

那么，文中所写的哪些是有意思的呢？我举三个例子来说说。

1. 唱歌地点有意思。"年轻的妇女"不是在中央电视台一号演播大厅，而是"各自蹲踞在松树林子和灌木丛沟凹处"唱歌，极具山野之趣、原生态之美。

2. 对歌有意思。"那次听到一个年轻妇女一连唱败了三个对手，逼得对方哑口无言，于是轻轻地打了个吆喝，表示胜利结束，从荆条丛中站起身子，理理发，拍拍绣花围裙上的灰土，向大家笑笑，意思像是说：'你们看，我唱赢了'，显得轻松快乐，拉着同行女伴，走过江米酒担子边解口渴去了。""轻轻、理理、拍拍、笑笑"等叠词，生动形象地写出她的轻松快乐。这不是你死我活的竞赛，而是一种有趣的生活方式。中国的这个"乐"字，很有意思，它既读"yuè"也读"lè"，音乐的实质是什么，可能就是给人快乐。这些年轻女人对歌不求胜败但求快乐，她们已达到了音乐的最高境界。

3. 戴胜鸟有意思。"忽然出现个毛茸茸的戴胜鸟，矗起头顶花冠，瞪着个油亮亮的眼睛，好像对于唱歌也发生了兴趣，经你凝视着书，书也凝视着你。
你见文字多妩媚，料文字见你亦如是。
阅读让我们辽阔。

赶马女孩子一喝，才扑着翅膀掠地飞走。"一个"蠹"字、一个"瞪"字，可以看出戴胜鸟多么具有灵性。更有意思的是它的眼睛，是"油亮亮的"，未经任何污染，可以照亮我们的灵魂。

其实，仔细读读，作家所写无处不有意思。然而这只是表层的意思，文章还有更深层的意思。

本文节选自《记忆中的云南跑马节》，在选入教材时，编者将本文前面的这段文字人为地删去了，作者当时到云南去是想从马鞍的花纹上做一些文物方面的研究，但过不多久，更新的发现把他引诱过去了，这个更新发现就是课文所写的歌会。所以他说："从马背上研究老问题，不免近于卖呆，远不如从活人中听听生命的颂歌为有意思了。"这句被删掉的话很有意思，因为，它表明了作家沈从文先生对歌会"意思"的独特见地。沈从文认为歌会的意思在哪里呢？那就是这些歌带有生命的体温，唱歌的人是"活"人，是"活生生的""鲜活的""充满活力"的人。

那么，从哪些地方可以看出这里的人是"活"的呢？

1. 老人。第五自然段写道："就中最当行出色的是一个吹鼓手，年纪已过七十，牙齿早脱光了，却能十分热情整本整套地唱下去。"老人"年纪已过七十，牙齿早脱光了"，一个"已"字和一个"早"字，可见老人年岁已高，这么大年纪的老人还充满热情地传歌，真是出人意料，这个火一样的老人，燃烧的是激情，传递的是智慧和热情。这种智慧和热情不会老去，它永远具有生命的活力。

2. 女人。"不仅唱歌十分在行，大年初一和同伴各个村子里去打秋千（用马皮作成三丈来长的秋千条，悬挂在高树上），蹬个十来下就可平梁，还悠游自在，若无其事"，女人竟然去打三丈来长的秋千，而且还悠游自在，若无其事，可以看出她们是无拘无束的生命。还有，这些女人"生长得一张黑中透红枣子脸，满口白白的糯米牙，穿了身毛蓝布衣裤，腰间围了个钉满小银片扣花葱绿布围裙，脚下穿双云南乡下特有的绣花透孔鞋，油光光辫发盘在头上"。如果我们把这段外貌描写改为"生长得一张枣子脸，满口糯米牙，穿了身毛布衣裤，腰间围了个钉满小银片扣花布围裙，脚下穿双云南乡下特有的绣花透孔鞋，辫发盘在头上"，就会发现，味道全无。为什么呢？因为我把"黑中透红""白白的""蓝""葱绿""油光光"等表示色彩的词去掉了。一般来说，从一个女人的穿着打扮可以看出她的精神面貌。这些女人把自己打扮得光鲜靓丽，可见他们个个活得鲜活滋润，对生活充满了热情，可谓活力四射，故万万不可去掉。

3. 金满斗会。第五自然段写道：参加"金满斗会"的有附近几个乡村男女老幼百多人，而且一连三天才散场，这么多人这你凝视着书，书也凝视着你。
你见文字多妩媚，料文字见你亦如是。
阅读让我们辽阔。

么长时间在一起唱歌，是多么的和谐啊！这样的场面真让人感到温暖。然而他们一唱就是三天，难道他们没事可干吗？其实他们都有事的，文章写道："有城门边挑水洗衣的，打铁箍桶的工匠，小杂货商店的管事，乡村土医生和阉鸡匠，赶马女孩子，不同年龄的农民和四处飘乡赶集卖针线花样的老太婆。"这些人忙里偷闲，能在忙碌中抽出时间从物质的世界里暂时解脱出来。这一刻，他们完全属于自己，他们的生命是张弛有度的。正所谓"一张一弛，方显生命本色"。这就是张弛有度的生命。想想我们周围的人，想想我们自己，我们活得有这么潇洒吗？

忙啊，累啊，沧桑啊，疲惫啊，成了我们今天的人的一种生活状态。而沈从文笔下的这些人却生活得很滋润，他们的生命是鲜活的，具有活力的。

其实，不少写平民的散文，玩味的往往是他们生活的卑微，却意识不到这个汪洋大海般的世界对生活的意义，感觉不到它的尊严。沈从文是个例外。他始终以"乡下人"的视角，从乡村的民风民情中发掘人性中优美、自然、鲜活的生命形态，以唤醒那些在尘世风烟中渐次迷失的灵魂。邵燕祥说："从文的作品可以不舍昼夜地流下去，润泽当代的直到后代的无数焦渴的灵魂。"在今天这个物质喧嚣、忙忙碌碌的现实世界里，我们周围跋涉着太多疲于奔命而日益沧桑的灵魂，包括我自己。感谢沈从文！是他，让我们停下脚步，去体味这些乡野间自在优美的生命；是他，让我们回望来路，去拣拾那些本就存活于我们生命中自然鲜活的基因。我想，我们是不是应该——让清风明月走进心灵，让劳心苦形的生命重新吐露嫩绿的枝芽。我期待着大家每天都有灿烂的笑容，让我们的生命鲜活滋润地笔立于天地之间！

你凝视着书，书也凝视着你。
你见文字多妩媚，料文字见你亦如是。
阅读让我们辽阔。

第八站　灵隐东

19　蝶恋花·整本书阅读怎么"整"

来到灵隐，已近中午，此地两峰挟峙，林木耸秀，云烟万状。

你是否还记得本书一开始讲到，泰戈尔在西湖边谈印度灵鹫山飞来杭州的事。

328 年，天竺高僧慧理来到此地，叹道："此乃中天竺国灵鹫山一小岭，不知何时飞来？"于是将其命名为"飞来峰"，慧理顺着这个飞来峰的山道，组织修建了五个道场，飞来峰下建灵鹫寺；山下地方广大，他认为乃仙林所隐，建灵隐寺；在北高峰后面建灵顺寺；杭州植物园灵峰探梅处建灵峰寺；在三天竺三生石这个地方建灵山寺。这就是传说中的"天竺五灵"，着一"灵"字而境界全出，灵秀之山，灵气弥漫，灵性完存，一念放下，万般自在。

沿灵隐寺方向西行，在杭州钱塘十八景之"九里云松"起点旁，康熙帝御笔西湖十景"双峰插云"之碑侧，曲径通幽处，一你凝视着书，书也凝视着你。
你见文字多妩媚，料文字见你亦如是。
阅读让我们辽阔。

间书舍坐落于此，门上写着一副对联："飞雪连天射白鹿，笑书神侠倚碧鸳。"这里就是金庸先生在杭州出资建设的云松书舍。建成后，金庸觉得书舍建得太美满了，又在西子湖畔，不应由他一人独享，应公之于世，让普通人都能分享美景。如今，云松书舍已从一人之书舍成为众人读书之地。

时下，对语文学习来说，读书读整本的书，已经成为我们最迫切也最重要的事情。

那么，如何读书？尤其读大部头的名著，对同学们来说，是个不小的挑战。

正是基于这样的认识，我们把一本名著的阅读管理分成两个大的部分，一是整体管理，二是阶段管理。整体管理，是指从宏观的角度指导学生阅读整本书，从预览、阅读用时，阅读方法，阅读任务，以及阅读成果等方面，为学生进行面上的指导，其目的就是让学生在正式进入名著之前对这些内容有个初步的了解。

阶段管理是非常重要的部分，它直接关系到阅读是否有效果。我们把阶段管理分成通读、测评与研读等三个渐次推进的环节。在通读环节，教师可以"任务"为驱动，把一周分成两个学时，每个学时安排具体的阅读内容和阅读任务，要求学生必须在规定的时间内完成相应内容。测评由中期测评和综合测评你凝视着书，书也凝视着你。
你见文字多妩媚，料文字见你亦如是。
阅读让我们辽阔。

两部分组成。当学生读完书的一半时，我们进行中期测评，中期测评侧重于考核名著关键信息和核心内容，中期测评通过以后，学生再次通读剩余部分，读完全书，进行综合测评，综合测评着重检测学生综合分析、抽象拓展和批判理解的能力。

学生在完成通读和测评两个环节以后，就进入了研读环节。在研读环节，学生必须在教师的指导下，以项目式、主题式或活动式的方式，再次走进名著，展开研读。

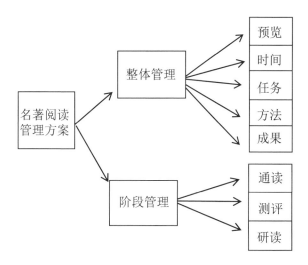

图1 名著阅读管理

你凝视着书，书也凝视着你。
你见文字多妩媚，料文字见你亦如是。
阅读让我们辽阔。

整体管理

整体管理环节就是在阅读整本书之前，对本书阅读的时间、任务、方法等方面，有一个大致的了解，为后面正式阅读的顺利开展打下良好的基础。

开始阅读之前，我们要预览全书。预览不是随便翻翻，而是要带着问题去翻阅，可以主要围绕四个问题来进行整本书的预览。

①整体来说，这本书到底在谈什么？

②本书细部说了什么？怎么说的？

③本书说得有道理吗？

④本书跟你有什么关系？

（艾德勒，范多伦.如何阅读一本书[M].北京：商务印书馆，2014.）

上述四个问题的设置有三个方面的考虑：

一是在着眼整体观念的基础上，引导我们关注整书的细节，摒弃以整本书字数多为由只看个大概的错误观念。因为，细节是经典作品的根基，是优秀作品力量的根本体现，一部作品的精神与意义也多隐藏在细节里。

二是注重培养我们的批判性思维能力。因为"尽信书则不如无书"，不能让我们的头脑成为别人思想的跑马场，要采用鲁你凝视着书，书也凝视着你。
你见文字多妩媚，料文字见你亦如是。
阅读让我们辽阔。

迅先生"拿来主义"的方法，对书中的观点进行审思、判断。

三是强调名著与自我的关系。我们认为，名著是一面镜子，文字的表层写的是别人的事，但实际上照见的是读者自己的灵魂，我们要通过阅读去遇见那个更好的自己。

总之，预览环节设置四个问题，目的就是帮助我们建构一个"带着问题有针对性地阅读"的观念，为接下来有效开展具体的阅读活动奠定基础。当然，针对不同的书，具体问题会有所不同。比如对于《水浒传》，我们可以设置以下四个问题。

①《水浒传》全书到底在谈什么？是义气、造反还是其他？

②书中哪一个故事最打动你？这个故事是怎样讲述的？

③书中对人物的褒贬、对事件的态度是否合理？是全部有道理，还是部分有道理？为什么？

④书中阐述的道理，跟你的学习、生活有什么关系？

为能真实地读完整本书，而不是浮光掠影随便翻翻，我们在时间上分两步来进行管理。

首先设定读完整本书大致需要的时间，然后再细分出若干单位时间。每个单位时间都要设置相应的阅读任务，通过具体你凝视着书，书也凝视着你。
你见文字多妩媚，料文字见你亦如是。
阅读让我们辽阔。

的任务驱动，激发我们的阅读兴趣。

读完整本书后，根据给出的任务要求，完成制作思维导图等活动任务，然后进行成果展示。在正式进入整本书阅读之前，我们应知晓读整本书要完成的任务，做到心中有数。

基于上述思考，我们制定了阅读《水浒传》的时间、方法、任务及成果管理方案。（见表1）

表1　阅读《水浒传》方案

类别	内容
时间	每周两个时段，建议分9个时段完成
方法	1.把握英雄传奇的题材特点：着重展现宏大的社会历史背景，较少涉及家庭生活和个人情感世界 2.分析人物形象，《水浒传》人物有类型化的特征，要着重把握人物的独特个性 3.体会简洁洗练的白描式语言风格
任务	1.用思维导图画出林冲落草全过程 2.假如你是《大宋晚报》的记者，写一条关于宋江等人赚秦明上山的头条消息
成果	做一份"英雄PK榜"

阶段管理

我们从整体上了解了阅读一本书的规划以后，开始进入阶段管理。阶段管理从通读、测评和研读三个方面做了更为具体的设计，为我们真实而有效的阅读搭好支架。

你凝视着书，书也凝视着你。
你见文字多妩媚，料文字见你亦如是。
阅读让我们辽阔。

在通读环节，我们以任务为驱动，把一周分成两个时段，周一到周四为第一个时段，周五到周日为第二个时段。每个学时都有具体的阅读内容和阅读任务，要求我们必须在规定的时间内完成相应内容。

对于这些任务的具体完成时间，我们可以根据自己的实际情况自由安排、灵活变通，鼓励学生周末多花点时间在阅读上。（见表2）

表2　阅读《水浒传》的时间安排

类别	学时	内容	任务
通读	第1时段	第一至第九回	请你使用一句话写出下列不同人物眼中的鲁达：史进、郑屠、金老、赵员外、智真长老、刘太公、周通、众泼皮、林冲……
	第2时段	第十至第二十二回	请你在不改变杨志团队人员的基础上，拟定一份详细的护送计划书，要求充分考虑天时、地利、人和等因素，以完成护送任务
	第3时段	第二十三至第三十三回	勾画描写武松心理的句子，分别用一个词概括出武松在不同境遇下的不同心理
	第4时段	第三十四至第四十三回	假如你是《大宋晚报》的记者，请你撰写一条关于宋江等人赚秦明上山的头条消息

你凝视着书，书也凝视着你。
你见文字多妩媚，料文字见你亦如是。
阅读让我们辽阔。

续　表

类别	学时	内容	任务
通读	第5时段	第四十四至第六十回	请对你认为很有韵味的诗歌进行批注（不少于2处）
	第6时段	第六十一至第七十一回	请圈画出你认为有趣的人物外貌描写，然后将它与之前出场的人物进行比较，辨析优劣
	第7时段	第七十二至第八十二回	请从天罡星中选择4人，从4到5个不同角度与燕青对比，做一份"英雄PK榜"
	第8时段	第八十三至第一百回	如果可以，你更愿意和一百零八将中的谁做朋友？请简述理由

　　通读环节的关键在于，我们在规定时间内要切实完成既定任务。只有这样，才能让我们把一本名著从头读到尾，才能让名著阅读落到实处。

　　为了更扎实地推进阅读，促进阅读的有效性，在通读之后，我们安排了两次阅读测评，一次是在读完整本书一半的时候进行测评，我们称为中期测评，测评的重点是名著关键信息和核心内容。读完全书，再进行综合测评，着重检测综合分析、抽象拓展和批判理解的能力。测评题目着重将有效性与趣味性相结合。

　　中期测评部分题目如下：

你凝视着书，书也凝视着你。
你见文字多妩媚，料文字见你亦如是。
阅读让我们辽阔。

1. 下面选段中的甲、乙，各是谁？

【甲】_____当不过讨饶。【乙】_____喝道："咄！你是个破落户！若只和俺硬到底，洒家倒饶了你！你如今对俺讨饶，洒家偏不饶你。"又只一拳，太阳上正着，却似做了一个全堂水陆的道场，磬儿、钹儿、铙儿一齐响。

2. 下面选段中的人是_____（人名），下列哪两个故事情节跟他有关的是（　　）与（　　）。

他是梁山好汉中真正的名门之后、将门虎子。他自己是武举出身，官至殿司制使，因先后失陷花石纲、生辰纲，投鲁智深二龙山落草，三山入伙打青州后上梁山入伙，在梁山好汉中排名第17位。

A. 汴京卖刀　B. 三打祝家庄　C. 大闹飞云浦
D. 江州劫法场　　　　E. 遗失生辰纲

这些题目的设计，主要围绕重要人物和关键情节展开，以检验我们在前期阅读中对关键信息的把握情况。测试的题目忌烦琐，以简要、切中要点为主要原则。中期测评以后，我们再次通读名著的剩余部分。读完全书后，我们可以进行综合测评，着重检测综合分析、抽象拓展和批判理解的能力。如对于《水浒传》的综合测评，我设计了以下题目：

1. 针对林冲这一人物形象，展开班级辩论赛。正方观点：林冲是《水浒传》中反抗精神最彻底的人。反方观点：林冲不是你凝视着书，书也凝视着你。
你见文字多妩媚，料文字见你亦如是。
阅读让我们辽阔。

反抗精神最彻底的人。你赞同哪方观点？请结合具体情节阐述理由。

2. 人们说话的口吻通常与其性格相应，文学作品中人物的言谈也和他的性格相吻合。结合原著的具体事件评析该人物的言谈是否符合其性格特点。

李逵：都冷静点！不要一言不合就动粗，遇事要有计谋，吵吵闹闹顶什么用！

3. 暑假期间，希望中学开展了"我与家长共读名著"的读书活动。张家父子同读《水浒传》，当他们读到"鲁提辖打死镇关西"这一情节时，引发了一段对话。请根据提示填写你认为合适的内容。

崇拜英雄的儿子说："＿＿＿＿＿＿＿"
身为律师的爸爸说："＿＿＿＿＿＿＿"

这些题目，既侧重学生批判性思维的培养，又注重连接名著内容与生活，从而进一步激发学生的阅读兴趣。

阶段管理的第三个环节是研读。纳博科夫在《文学讲稿》中说："风格和结构是一部书的精华，伟大的思想不过是空洞的废话。"然而，在现实中我们却遗憾地看到，不论是大学还是中学的整本书阅读学习，往往把主要精力放在作品思想的探讨上，表面看起来很深邃，实际上往往流于空泛。我以为，整本书学习必须在"风格"和"结构"这两个点上着力，我们才能得到实你凝视着书，书也凝视着你。
你见文字多妩媚，料文字见你亦如是。
阅读让我们辽阔。

实在在的收获，也才可能培养出纯正的文学趣味。

风格，指文学作品从整体上表现出来的独特而鲜明的风貌和格调。它是作家创造个性成熟的标志，也是作品达到较高艺术水准的标志。风格大体上可分为作家个性和作品语言两种。结构是作品的骨骼，一般分成内容和形式两个部分。内容包括题材、主题、情节等资料事实；形式指表现作品内容的内部组织构造和外部表现形态，包括体裁、叙述视角、表现手法等。二者既有区别又联系紧密。伟大的作品在内容与形式上往往都能水乳交融、相得益彰、和谐统一。因此，在研读环节，我们可以从名著的"风格"和"结构"出发，走进整书的细节，在阅读中有切实的收获。

比如在《水浒传》研读环节，我们可以将"刺配"这个细节作为切入点，探析作品的结构特点。我们先找出书中描写主要人物刺配的情节并列表梳理。（见表3）

表3 《水浒传》刺配人物梳理

章回	刺配人物	刺配原因	刺配地点
第八回	林冲	被高俅陷害误入白虎堂	沧州牢城
第十二回	杨志	失陷花石纲	北京大名府留守司充军
第三十回	武松	替兄报仇杀死西门庆、潘金莲	孟州牢城

你凝视着书，书也凝视着你。
你见文字多妩媚，料文字见你亦如是。
阅读让我们辽阔。

续　表

章回	刺配人物	刺配原因	刺配地点
第三十六回	宋江	杀死阎婆惜	江州牢城
第五十一回	朱仝	于押解途中释放了误杀白秀英的雷横	沧州牢城
第六十二回	卢俊义	被都管李固首告私通梁山"贼寇"	沙门岛

梳理完成后，我们便可慢慢从表层的信息筛选进入深层的思维探析，思考并讨论这种"刺配描写"在结构上对全书的情节发展的推动作用。通过讨论明确，"刺配"改变了故事发生的时空环境，串联起众多江湖好汉，如宋江被刺配后结识了李俊、张横、穆春、穆弘等。这样，"刺配"就成了贯穿全文的线索和各个情节联系的纽带，从而推动了整个故事的发展。

全面把握"刺配"这一情节的作用后，我们再把目光聚焦到同是面对差拨，林冲、武松、宋江的不同反应，体会同中求异的写法。

　　林冲等他发作过了，去取五两银子，赔着笑脸告道："差拨哥哥，些小薄礼，休嫌小微。"……"另有十两银子，就烦差拨哥哥送与管营。"……又取出柴大官人的书礼，说道："相烦老哥将这两封书下一下。"

——《水浒传》第九回

你凝视着书，书也凝视着你。
你见文字多妩媚，料文字见你亦如是。
阅读让我们辽阔。

武松道："你倒来发话，指望老爷送人情与你，半文也没！我精拳头有一双相送！金银有些，留了自买酒吃，看你怎地奈何我！没地里倒把我发回阳谷县去不成？"……"不怕！随他怎么奈何我，文来文对，武来武对。"

——《水浒传》第二十八回

宋江又自央浼人情。差拨到单身房里，送了十两银子与他；管营处又自加倍送银两并人事；营里管事的人并使唤的军健人等，都送些银两与他们买茶吃。

——《水浒传》第三十七回

通过朗读、比对、分析后我们发现：作者这样的描写，既避免了情节的机械重复，又突出了三人不同的性格特征——林冲逆来顺受，武松顶天立地，宋江未雨绸缪。作者正是用了这种"同中求异"的写作手法，使人物形象更具个性。自此，我们完成研读环节，也基本完成了整本书的阅读任务。

总之，整本书的阅读管理是一项系统工程，既要做好整书阅读的宏观架构，又要分阶段做好每个环节的设计与管理。对语文学习而言，在整本的阅读上花更多的精力是值得的。因为整本书的阅读，既有利于激发我们的阅读兴趣，也能促进语言的建构与思维的发展，更能在师生相互探讨中提高审美鉴赏力，从而潜移默化地促成了文化的理解和传承，最终让语文核心素养的培养落到实处。

（本篇中的《水浒传》题目部分借鉴了劳新华老师的设计以及李丽平《〈水浒传〉推演情节的特殊方式》一文）

20 青玉案·整本书阅读怎么"断"

王国维在《人间词话》里说：

> 古今之成大事业、大学问者，罔不经过三种之境界："昨夜西风凋碧树。独上高楼，望尽天涯路。"（晏殊《蝶恋花》）此第一境界也。"衣带渐宽终不悔，为伊消得人憔悴。"（柳永《蝶恋花》）此第二境界也。"众里寻他千百度，蓦然回首，那人却在灯火阑珊处。"（辛弃疾《青玉案》）此第三境界也。（王国维.人间词话[M].上海：上海古籍出版社，2019.）

这是王国维先生择取三首宋词的相关语句，总结出要成大事业、大学问者必经三种之境界：第一种就是要立大志树目标不怕孤独；第二种就是要继续坚持努力探索做好掉几斤肉的准备；有了前两种打底，第三种就到了自然而然的收获阶段。

其实，读书又何尝不是如此呢？一开始，我们要对自己阅你凝视着书，书也凝视着你。
你见文字多妩媚，料文字见你亦如是。
阅读让我们辽阔。

读的书制定好阅读目标和规划，上一篇我们谈的"整本书阅读怎么'整'"就是在讲这个话题，此乃读书的第一种境界；接下来，我们就要讲读书的第二种境界——整本书阅读怎么"断"，也就是说在进行整本书阅读时，不可忽视对细节的研读，要拿出"为伊消得人憔悴"的勇气去探索书中细节的魅力，因为，一部好作品的精神与意义往往隐藏在细节和片段里，我们坚决反对以整本书字数多为由就只看个大概的做法。前面两种境界做扎实了，就能达到"那人却在灯火阑珊处"的美妙境界。

下面我们就来讲第二种境界，看看如何从名著的细节里获得人生的滋养。

生活之方

"从来没有人读书，只有人在书中读自己，发现自己或检查自己。"罗曼·罗兰的这句话告诉我们，阅读的一个重要作用其实是指向自我，指向自我的生活，一本好书，就是一份好的生活指南，能为我们更好地生活提供切实可行的具体方法。

实际上，我们在学习生活中常常遇到烦恼，会不开心，有时甚至会特别沮丧，少年也识愁滋味啊！于是，我和同学一起读《红星照耀中国》中的片段，从中提取生活的智慧与方法。

如《红星照耀中国》的第二篇"到红色首都去的路上"里的

你凝视着书，书也凝视着你。
你见文字多妩媚，料文字见你亦如是。
阅读让我们辽阔。

片段：

> 虽然每个人的生活中几乎都遭遇过悲剧，但他们一点也不沮丧，也许是因为太年轻了，他们都很快活，是我初次所看见的，真正快活的中国无产阶级之一，消极的知足是中国的普遍现象，但对着生存怀着积极感的高超的快活情绪，却是很少看见的。

在这段话中，作者多次提到了红军积极向上的快活情绪，他们坚信，通过自己的努力，就一定能解放全中国，所以，无论遇到怎样的困难，乐观就是他们的信仰。我们应该从中获得快乐的能力，一种不向困难屈服的快乐，一种简单的快乐，一种有信仰的快乐，一种不屈不挠的快乐，一种发自内心的真正的快乐。让每一天都属于你自己吧，因为你不快乐的每一天都不是你的。

我把《红星照耀中国》中这段关于"快乐"的文字分享给大家，其实就是想让大家从中提取生活的方法，以积极乐观的心态面对生活，在具体的学习生活的事件里习得快乐的能力。因为，我们常常以为快乐只是一种情感，然而快乐更多的是一种能力、一种态度，甚至可以说是一种艺术，需要我们终身学习。

你凝视着书，书也凝视着你。
你见文字多妩媚，料文字见你亦如是。
阅读让我们辽阔。

实际上，现在我们最怕的还不是考试，而是跑步。于是，我们又一起读《红星照耀中国》第四章"一个共产党员的来历"里的片段：

> 我们也成了热烈的体育锻炼者。在冬季假期里，我们在田地上走着，上山下山，围绕城墙，渡河过江。假如遇见下雨，我们就脱下衣服，说这就叫"雨浴"。当太阳很热的时候，我们也去掉衣服，说这就是"日光浴"。在春风里我们大声叫着，说着这是一种叫作"风浴"的新游戏。已经下霜了的日子，我们还在露天中睡觉，甚而至于十一月里，我们还在冷水里游泳。这件事对于锻炼我的体格，帮助不少，而这一种体格，后来我在华南许多次的进退行军里，以及从江西到西北的长征里，是这样迫切地需要它的。

这是毛泽东告诉斯诺自己体育锻炼的经历。真是激情燃烧的人生与岁月啊！这种热情透过文字如一股热浪席卷而来，深深地感染了我们。如今不少同学，跑个步两腿发软，遇到一点点困难就唉声叹气，我们太缺少这种生活的激情了。

我让同学一遍一遍地大声朗读上面的文字，让他们从字里行间感受这种激情并获得切实的感染。从这以后，同学们在微你凝视着书，书也凝视着你。
你见文字多妩媚，料文字见你亦如是。
阅读让我们辽阔。

风吹拂的清晨跑步，不再抱着起床气奔跑，而是大声叫着，说这是一种叫作"风浴"的新游戏；当太阳很热的时候跑步，他们不再埋怨，而是说这就是"日光浴"，他们在操场上跑着，像阳光一样灿烂。

就这样，我们在《红星照耀中国》里不断寻找着类似生活的智慧与方法，它们像星星一样闪耀在书册里，只要用心阅读潜心体会，就能够靠近那些星星。

愿我们都能在书里找到生活的智慧，活得像星星一样，闪亮。

思辨之道

名著阅读还有一个重要的功能，就是提高我们的思维能力和看问题的水平，让我们从书里吸取思辨之道。思辨，其实就是对概念和观念的对立因素进行对比、鉴别、考量之后的定夺。下面我就以《傅雷家书》（傅雷.傅雷家书[M].杭州：浙江文艺出版社，2018.）为例，谈谈如何吸取思辨之道。

首先在对比中思考。

1954 年 3 月 19 日，傅雷在给儿子的信中就"戏曲"谈了自己的观点：

你凝视着书，书也凝视着你。
你见文字多妩媚，料文字见你亦如是。
阅读让我们辽阔。

　　川戏中的《秋江》，艄公是做得好，可惜戏本身没有把陈妙常急于追赶的心理同时并重。其余则以《五台会兄》中的杨五郎为最妙，有声有色，有感情，唱做俱好。因为川戏中的"生"这次角色都差。唱正派的尤其不行，既无嗓子，又乏训练。倒是反派角色的"生"好些。大抵川戏与中国一切的戏都相同，长处是做工特别细腻，短处是音乐太幼稚，且编剧也不够好；全靠艺人自己凭天才去咂摸出来，没有经作家仔细安排。而且tempo（节奏）松弛，不必要的闲戏总嫌太多。

　　在这里，傅雷将川戏中的各个行当进行了对比，强调戏曲表演既要注重唱腔又要注重揣摩人物心理，曲折地指出了艺术表演要内外结合，须沉下心来注重内功的修炼。同时将川戏与中国一切戏曲的长处和短处进行了对比，强调了音乐和节奏的重要性。这既是和儿子傅聪聊观戏的感受，也是对儿子的音乐学习进行潜移默化的指导，可谓用心良苦。

　　1954年12月31日的信中，傅雷直接讲到了音乐：

　　至于龙沐勋氏在序中说"唐宋人唱诗唱词，中间常加泛音，这是不应该的"（大意如此），我认为正是相反，加泛音地唱才有音乐可言。后人把泛音填上实字，反而是音乐的大障碍。昆曲之所以如此费力、做作，中国音乐被文字束缚到如此地步，都是因为古人太重文字，不大懂音乐；懂音乐的人又不是士大夫，士大夫视音乐为工匠之事，所以弄来弄去，发展不出。

这一段，傅雷将音乐中的词与曲进行了对比，指出中国音乐被文字束缚的弊病。意在告诉儿子要注重音乐本身的学习。

我们发现，通过对比，能让我们的思考更加深入一些。

其次在分析中辨别。

所谓理不辩不明。1962年4月1日，傅雷如此谈论"学习"：

他（盖叫天）提出"慢就是快"，说明根基不打好，一切都筑在沙上。他说学戏必须经过一番"默"的功夫，把一出戏默默地做一遍、唱一遍，如此反复做去，一出戏才算真正学会了，拿稳了。

这里通过比喻的方法和盖叫天学戏的体验对"快"与"慢"进行了辨析，让我们真正明白了"慢就是快"的道理，令人信服。傅雷显然是想告诉儿子，在学琴上，要下笨功夫，练好基本功。这个道理，对急功近利的当代人是一剂良方，对我们更是有极强的指导意义。

关于理财，傅雷在 1964 年 3 月 1 日的信中写道：

> 开源不如节流。我们的欲望无穷，若一手来一手去，有多少用多少，即使日进斗金也不会觉得宽裕。要保持清白，保持人格独立，只有自己紧缩，将"出口"的关口牢牢把住。"入口"操在人家手中，你不能也不愿奴颜婢膝地乞求；出口却完全操诸我手，由我做主。艺术家多半不会生活，这不是他们的光荣，而是他们的失败。我所谓"会生活"不是指发财、剥削人或是吝啬，做守财奴，而是指生活有条理，收支相抵而略有剩余。

这里先提出"开源不如节流"的观点，然后从"出口"和"入口"的角度对比分析，让人茅塞顿开，令人信服。在今天这个提倡超前消费的物质时代，这更值得我们每一个人警醒。收支相抵而略有剩余，可能才是健康的生活方式，也是我们从小要学习的生活本领。

实际上，借助事实和道理的分析，往往能让事理更清晰地呈现出来，孰是孰非，一目了然。

最后在批判中明理。

1961 年 2 月 7 日，傅雷在信中对中国知识分子的批判真是入木三分。他说：

> 对中国知识分子拘束最大的倒是僵死的礼教，从南宋的理学起一直到清朝末年，养成了规行矩步，整天反省，唯恐背礼越矩的迂腐头脑，也养成了口是心非的假道学、伪君子。

今天读来，仍觉脊背发凉，读书人一定要力避成为口是心非的伪君子。正是这种一针见血的批判，才让道理在阳光下闪耀，让读者有所警醒。

关于"爱"，傅雷在 1960 年 8 月 29 日的信中也有精彩的论述：

> 像雅葛丽纳那样只知道爱、爱、爱的人只是童话中的人物，在现实世界中非但得不到爱，连日子都会过不下去，因为她除了爱一无所知，一无所有，一无所爱。这样狭窄的天地哪像一个天地！这样片面的人

你凝视着书，书也凝视着你。
你见文字多妩媚，料文字见你亦如是。
阅读让我们辽阔。

生观哪会得到幸福！无论男女，只有把兴趣集中在事
业上、学问上、艺术上，尽量抛开渺小的自我，才有
快活的可能，才觉得活得有意义。

在这里，傅雷批判了"唯爱论"的观点，提出了"抛开小
我，才有快活"的卓见，真是金玉良言，尤其是对正被各种小
心思困扰的初中生来说，无疑是迷雾中的阳光。从小我的世界
走出来，慢慢走向辽阔的天地，这是我们一生的功课。

批判不只是为了否定，而是要建构一个新的有益的观点。
当然，批判不只针对别人，也应面向自己。1962 年 3 月 25 日
的信中，傅雷的妻子对傅雷说：

聪真像你，老是不满意自己，老是在批评自己！

的确，在《傅雷家书》里，我们常常读到傅雷对自己的批
判，如 1954 年 5 月 5 日的信：

对我的译文有意见吗？我自己愈来愈觉得肠子枯
索已极，文句都有些公式化，色彩不够变化，用字也
不够广。

这是傅雷对自己的严格要求，值得我们学习，因为，批判

你凝视着书，书也凝视着你。
你见文字多妩媚，料文字见你亦如是。
阅读让我们辽阔。

自己，不是否定自己，而是让自己变得更好！

　　总之，对整本书的阅读要求我们在整体把握全书内容的基础上，还要注重细节的精读，在细节里，我们既可以找到生活的智慧，也可以习得写作的技巧，还能学会思考的方法，那种浮光掠影的读法是要不得的。

　　以上两篇文章比较集中地代表了我这些年关于读书的实践与思考，愿对同学们读书有点帮助。更重要的是，我想通过这两篇文章告诉大家，与其说灵隐净土适合读书，不如说读书随处皆净土，书读进去，虽结庐人境，也感受不到车马的喧嚣，为什么呢？因为心远地自偏！没有一艘船，能像一页书那样，把人带向远方。

　　读书是抵达远方最近的路！

你凝视着书，书也凝视着你。
你见文字多妩媚，料文字见你亦如是。
阅读让我们辽阔。

第九站 天 竺

21 武陵春·是什么让我们变得庸俗

走过灵隐，来到天竺。

天竺这个地名充满了诗情与禅意。天竺路两旁，高木林立，植被茂盛。每年春天，我都喜欢来天竺路走走，樱花、桃花、玉兰花、二月兰、迎春花，在山野间自在绽放，那是一个花花世界，一如《红楼梦》里的大观园。在这个园子里，一群花样的女子和一个"混世魔王"，结诗社，读诗写诗，俨然俗世里的理想国，又如武陵渔人的桃花源。

是什么让我们变得庸俗？

这是印度哲学家克里希那穆提的灵魂发问，他进而指出：庸俗的心是不自由的心，是绕着自己的利益打转的心，是渺小的心，卑贱的心。（克里希那穆提.谋生之道[M].北京：九州出版社，2005.）

《红楼梦》里，面对香菱学诗，"混世魔王"宝玉哥哥说："这正是'地灵人杰'，老天生人再不虚赋情性的。我们成日叹说可惜他这么个人竟俗了！谁知到底有今日。可见天地至公！"

宝玉对香菱学诗这件事评价很高，上升到了"脱俗"的人生境界。

那么，香菱是如何脱俗的呢？

每当我轻轻地翻开那卷带着墨香的《红楼梦》，看到香菱，心中总有一种别样的情感，萦绕心间，挥之不去，难以释怀。今天，我们再次走进"香菱学诗"，首先要问："香菱为什么要学诗？"

香菱说："我不过是心里羡慕，才学着玩罢了。"《红楼梦》第四十八回的回目里说得更明白："慕雅女雅集苦吟诗。"原来香菱是羡慕园子里这群青春少年吟诗的雅趣。闲雅、优雅、清雅、高雅，怎一个"雅"字了得！她期待能从俗世里暂时脱身出来。

接下来，我们就要探究：香菱学诗真的是随便玩玩的吗？这就要用到"批注读书法"了，我们要从字里行间去看看，香菱是怎样学诗的。《红楼梦》的趣味就深藏在这些细节里，期待着有心的读者去发现与玩味。

第一，香菱进大观园就对黛玉说："我这一进来了，也得了空儿，好歹教给我作诗，就是我的造化了！"可见这不是突发奇想，她早就想学了，所以不是随便"玩"的。

第二，"香菱拿了诗，回至蘅芜苑中，诸事不顾，只向灯你凝视着书，书也凝视着你。
你见文字多妩媚，料文字见你亦如是。
阅读让我们辽阔。

下一首一首地读起来。宝钗连催她数次睡觉，她也不睡。"你看这句里的"一首一首"，能不能改成"一首首"？只要我们反复读一读，就会发现，"一首首"感觉就是读读，读完一首就过去了，再读第二首，表现不出香菱的认真劲。"一首一首"体现出她是专心要读懂为止。香菱对黛玉说："凡红圈选的我尽读了。""又逼着黛玉换出杜律来。"大家"各自散后，香菱还是满脑都在想诗"。一个"尽"字见认真，一个"逼"字见执着，一个"满"字见痴迷！

第三，香菱回到自己住处，"越性连房也不入，只在池边树下，或坐在山石上出神，或蹲在地下抠土，来往的人都诧异"，这里的"抠土"写得太好玩了，香菱哪里是抠"土"，她是在抠"诗"呢！

看来香菱学诗不是玩玩，而是用了全部的心血和热情。《红楼梦》中有很多女子都是很有诗性的，其中有两个给我留下了深刻的印象，一个是黛玉，一个是香菱；一个是以才情取胜，一个是以执着取胜。我又想到了曹雪芹在开篇写自己的书是"满纸荒唐言"，可是他又"披阅十载，增删五次"，特别认真，在这一点上，他与香菱是有相同之处的。我们是不是可以这样说，作者在香菱身上寄托了自己的某种审美理想呢？我觉得读书的时候只要前后贯通相互勾连，就很有味道了。

你凝视着书，书也凝视着你。
你见文字多妩媚，料文字见你亦如是。
阅读让我们辽阔。

最后，曹雪芹说香菱是"苦志学诗，精血诚聚"，那么，香菱她自己觉得苦吗？作者写香菱学诗用了9个"笑"字，凡香菱说话前，皆著一"笑"字，可见香菱自己觉得是不苦的，她是把学诗当作一种乐趣，全身心地投入，她越学越开心。宝钗是不大赞成香菱这样学诗的，你看她说："这个人（香菱）定要疯了！昨夜嘟嘟哝哝直闹到五更天才睡下，没一顿饭的工夫天就亮了。我就听见他起来了，忙忙碌碌梳了头就找颦儿去。一回来了，呆了一日，作了一首又不好，这会子自然另作呢。""呆"，就是发呆，说明她沉浸在诗的世界里。其实，能在自己喜欢的事里呆着，何尝不是最深的幸福？经过对比修改，香菱的诗做出来了，曹雪芹这样写："原来香菱苦志学诗，精血诚聚，日间做不出，忽于梦中得了八句。"曹雪芹真是了不起呀，真是文学大家，真是懂诗之人。诗是一种神奇的东西，是可遇而不可求的，正所谓：文章本天成，妙手偶得之。他让香菱的第三首诗从梦中而来，突显了诗的轻盈和美好。也暗合了"红楼梦"的梦字。真是神来之笔呀！

内卷的时代里，香菱以"玩"的心态来学诗，这种不被琐事所扰的诗意做派，能治愈我们的精神焦虑，让我们能多少摆脱一些被尘世熏染的俗气。

香菱，姑苏乡宦甄士隐之独女。三岁被人拐去，在打骂中你凝视着书，书也凝视着你。
你见文字多妩媚，料文字见你亦如是。
阅读让我们辽阔。

艰难度日，十一二岁卖与冯渊。粗俗恶少薛蟠打死冯渊，抢走香菱，亵渎美丽，逼其为妾。得手之后，不过三天两夜，便视她"如马棚风一般了"。薛妻悍妇夏金桂，搬弄是非，折磨香菱。香菱气怒伤感，挫折不堪。

香菱一生实苦，但她没有纠结过往，困于烂事，而是在大观园学诗写诗，她就是一首行走的诗歌，走进了我们的心里。她不回头，不纠缠，不恐惧，全情泡在自己的当下的生活里。

我们的生活其实是挺沉重的，学生时代有学业的压力，长大成人有工作的压力，但人在沉重的状态下是很难把自己想做的事做好的。有时候，我们不妨抱着玩的心态，真正把自己从复杂的人事里解放出来，事情往往就会做得比较顺利。天使之所以会飞，是因为她们把自己变得很轻。

但我不得不说，心态要放松，但做事的过程还是要像香菱那样认真才行。

对读书来说，我觉得就要有对细节的执迷，只有这种对细节的执迷，才能达到领悟的境地。所以，在语文学习方式众声喧哗的当下，我们必须让自己静下来，去"咀嚼推敲"语言的妙处，在语言的"咀嚼推敲"里，让精神流浪，内心安宁！

所以，你要成为细节控，要有对细节的执迷，无论阅读、作文还是工作，一如曹雪芹写"香菱学诗"。

你凝视着书，书也凝视着你。
你见文字多妩媚，料文字见你亦如是。
阅读让我们辽阔。

其实，当我们排除外在的杂念，真正沉浸在具体的事情里时，就会忘记了时间，达到一种忘我的状态，那是一段脱俗的时间，特别享受，也格外迷人。比如最近我在集中精神写这本书时，就常常会体验到这种会心之乐，这是一段精神漫游的美妙时光！

22　临江仙·只是为了好玩

说到"玩"字，我想起在学习印度诗人泰戈尔的《金色花》时，我们抓住"假如我变成了一朵金色花，为了好玩"中的"玩"字，构建了一组逐层推进的学习支架，让思维经历了坐过山车似的高峰体验。

"我"变成一朵金色花肯定有一个道德的正面的意义，这是不少同学理所当然的想法。因为在长期的学习生活里，我们已经形成了一种惯性认知：做什么事情好像都要有个目的，都要有个意义，如果做一件事情纯粹是好玩，就总觉得好像哪里有点不对劲。

的确，我们同学也找到了令人信服的理由。

比如诗中写道："我要悄悄地开放花瓣儿，看着你工作！当你沐浴后湿发披在两肩，穿过金色花的林荫，走到你做祷告你凝视着书，书也凝视着你。
你见文字多妩媚，料文字见你亦如是。
阅读让我们辽阔。

的小庭院时，你会嗅到这花香，却不知道这香气是从我身上来的。"

这里可以看出"我"是为了关心与报答妈妈，给妈妈带来花香与幸福，又不让妈妈发现，这是一种深沉的爱。

又比如："当你吃中饭坐在窗前读摩罗耶，那棵树的阴影落在你的头发与膝上时，我便要投我的小小的影子，在你的书页上，正投在你所读的地方！但你会猜得出，这就是你的孩子的小小的影子吗？"

这是为妈妈挡住刺目的阳光，默默地照顾妈妈，体现了对妈妈的体贴。

这些分析很有道理，我们要学习这种关爱父母的方法，要爱自己的父母。

好 玩

但是，如果这首诗只读到这个层面，我们的思维就只在原地打转，没有任何的提升。所以，我开始动手打破这种平衡。

诗的第一句话是："假如我变成了一朵金色花，只是为了好玩。"

这说得非常明确，你们怎么解释呢？

抛出这个问题，意在打破我们的惯常思维，迫使我们回到你凝视着书，书也凝视着你。
你见文字多妩媚，料文字见你亦如是。
阅读让我们辽阔。

文本，正视文本，质疑自我，重新来思考这个问题，让我们的思维向深度进发。

我们通过再次细读与讨论，慢慢发现这首诗无处不在讲一个"玩"字。

这首诗一开始就是颠覆性的，颠覆了我们日常学习生活中习得的一些观念。在成人的世界里，做什么事往往都带有一定的目的。可是泰戈尔的这首诗恰恰是要颠覆成人世界的规则和既定的一些套路，让我们重新回到孩子的世界。

孩子做一件事情，往往没有什么功利的目的，而只是为了好玩，这就是孩童的世界。所以诗后面写道：

> 你要是叫道："孩子，你在哪里呀？"我暗暗地在那里匿笑，却一声儿不响！我要悄悄地开放花瓣儿，看着你工作！当你沐浴后湿发披在两肩，穿过金色花的林荫，走到你做祷告的小庭院时，你会嗅到这花香，却不知道这香气是从我身上来的。

你看，"暗暗""悄悄""匿笑"，这是典型的孩童的心理和行为。让妈妈闻到这花香，但却不知道这香气是从自己身上来的，把自己隐藏起来，他觉得这样挺好玩的。

你凝视着书，书也凝视着你。
你见文字多妩媚，料文字见你亦如是。
阅读让我们辽阔。

下面又写道：

> 当你吃中饭坐在窗前读摩罗耶，那棵树的阴影落
> 在你的头发与膝上时，我便要投我的小小的影子，在
> 你的书页上，正投在你所读的地方！但你会猜得出，
> 这就是你的孩子的小小的影子吗？

这也是和妈妈玩，只是为了好玩，不是为了把影子投在你
的书页上，为你遮一下阳光，让你看书的时候视力不要受到一
点点损伤。他没有这个目的。重点是要妈妈猜他是谁，他要和
妈妈一起玩。

最后他便要突然地再落到地上来，和妈妈有如下对话：

> 你到哪里去了，你这坏孩子？
> 我不告诉你，妈妈。
> 这就是你同我那时所要说的话了。

一般来说，妈妈问你到哪去了？你说"我不告诉你"，这是
不对的，孩子应该真诚地回答妈妈，可是"我"却隐藏了事实。
这就是"玩"，和妈妈玩。

所以整首诗歌表达的是纯玩，纯粹是为了好玩，这首诗拿掉了它变成一朵金色花对妈妈有好处的功利的目的，消解了那个所谓的"意义"。

这就是一种颠覆性的写作，也是一种还原性的写作。

泰戈尔曾经也讲过，人类的最高智慧就是回到自己的童年。

我们的成长其实是在远离童年，远离童心，远离童年时期在做一件事情时的那种单纯的好玩的状态。这种状态确实很珍贵。

实际上，当我们纯粹觉得好玩的时候，事情往往也做得更好。在生活里，我们经常会看到在各个领域做出巨大贡献的人，他们往往对自己手头上的工作是非常喜欢的。因为主观上觉得好玩，客观上就容易取得成绩，获得成功。

我们抱着一种玩的心态来面对我们生活里的事情，说不定就能够达成外在的目的。如果做什么事情，我们一定要奔着外在的目的而去，结果往往并不理想。"知之者不如好之者，好之者不如乐之者"，孔子的话说的也是这个道理。

所以，玩是我们人生中最原初的一个主题，千万不要把它弄丢了。

围绕着这个"玩"字，我们的思维经历了一次起伏曲折的变化历程，既对诗歌有了一个深入的理解，也对自己的思维模式你凝视着书，书也凝视着你。
你见文字多妩媚，料文字见你亦如是。
阅读让我们辽阔。

进行了一次全新的建构。更重要的是，在这个过程中，我们的思辨性的思维品质得到了有效的提升。

觉　醒

实际上，不少家庭父母与孩子的关系沿袭了太多传统的自负感，普遍比较严肃，缺少像《金色花》中这种轻松活泼的亲子关系。沙法丽·萨巴瑞在《父母的觉醒》指出："教养孩子的历程不应是家长'对'孩子的模式，而应是家长'同'孩子的模式。孩子会引领我们发现自己的本真，在此过程中，他们成了我们获得觉醒的伟大启蒙者。如果我们不能抓住他们的手，跟随他们的引领，穿过不断觉醒的大门，我们将失去觉醒的机会。"

（萨巴瑞.父母的觉醒[M].王臻，译.上海：上海社会科学院出版社，2013.）

2021年10月29日下午两点，我和20多位学生家长欢聚学校学习中心，围绕《父母的觉醒》一书，畅聊阅读体会。

一位爸爸为了这次读书会，特提前一天，驱车40多公里，前往菩提谷潜心细读这本书。他独自一人坐在一棵盛放的桂花树下，花香伴着书香，三个小时悄然而逝，偌大的菩提谷只他一位游客。空谷传音，大音希声，声声入心怀。蒋爸爸这种"身体移动"读书法，其实就是将自己暂时抽离出当下的环境，从而获得内心的宁静。菩提谷的三小时，让他获得了巨大的幸福体验。尘世喧嚣，只有父母安静了下来，孩子才能获得安宁。要让孩子成为更好的自己，我们家长首先要成为更好的家长。

另一位爸爸在分享中，给我们开了一个脑洞。他在读名人传记时发现，很多名人从小就失去了父亲，"为什么伟人都没有爸爸？"此话一出口，大家都笑了，一个个笑得前俯后仰，乐不可支。

我们在读书时发现，一些有成就的人好像是有这个特点：孔子两岁就失去了父亲，范仲淹两岁时父亲因病去世，南非前总统曼德拉在九岁时丧父，美国前总统比尔·克林顿的亲生父亲在他出生前不久就去世了。

笑过以后，这也给我们带来了深深的思考。在传统的家庭关系里，爸爸往往是绝对的权威，这就是《父母的觉醒》里所说的"渴望控制的自负感"。这也是为人父母者最容易犯的错误，那就是对孩子控制欲太强，往往把自己的想法不问青红皂白地强加给孩子。孩子身上背负了太多父母的思想，长期下去，他们往往就抬不起头来，没了自我。

如果从这个角度看，那些早年失去父亲的名人在生活上虽少了依靠，但也少了成长路上的被父亲威权控制压制的经历，这在客观上有助于孩子的成长。

所以我们要觉醒，尤其是强势的父母要向内探寻和叩问，要反思，我们要把自己的权威感抽离出来，让它隐身，最好让它像风一样消失在风中。我们绝对不要成为掌控一切的权威，而是要成为孩子成长路上的伙伴，一路相随，互帮互助，共同成长。

鲁迅先生在《我们怎样做父亲》里说："觉醒的父母，便须一面清结旧账，一面开辟新路。自己背着因袭的重担，肩住了黑暗的闸门，放他们到宽阔光明的地方去；此后幸福的度日，合理的做人。这是一件极伟大的要紧的事，也是一件极困苦艰难的事。"

所以，觉醒不是一朝一夕之功，而是要持续阅读、时时反省的。

一位妈妈从互联网大厂暂退江湖，有了更多的时间陪伴孩子。她是一位资深的学习型宝妈，从《父母的觉醒》里不断获得觉醒的方法。这位妈妈分享了生活里的一个小故事：有一次她同家人在酒店度假，早上拉开窗帘准备去吃早餐，小女儿却把窗帘拉了回去，她再将窗帘拉开，小女儿又拉回去，如此反复了好几次，她心中难免有点生气了起来，但她想起了《父母的觉醒》，于是好奇地问：你为什么要把窗帘拉起来呢？孩子说："我想看看荧光棒在白天会不会发光。"于是，母女俩举着荧光棒在窗帘内试验了起来。一场有可能爆发的亲子冲突变成了一段欢乐的时光。她很庆幸有《父母的觉醒》的赋能，使她避免了很多亲子关系的冲突，与两个孩子的沟通也越来越顺畅，她自己也告别了焦虑，每天都很快乐。

桂花的香气从窗外丝丝缕缕地飘来，一群成年人，暂时放下了手头的工作，围坐一隅，读书聊书，这么好的事，在今年秋天实现了。

我们深信：家长好好读书，孩子天天向上。

23　昭君怨·没有宽容就没有未来

读书当然重要，但一定要有自己的主见，不能让自己的头脑成为别人思想的跑马场。

事实上，我们很多人对教材有一种顶礼膜拜的心理，总认为我们阅读，就是对文本所传达的思想文化内涵进行阐发、验证与内化，"这种验证式的语文课程立起的是'文化权威'，学生要做的只是认同。如果只是以对文化传统的积累、继承与保存为宗旨，那么语文课程将永远作为一个滞后者的角色而存在，它既不能与时俱进，也不能引领文化的创造与发展。"[曹明海，陈秀春.语文新课程的文化建构观[J].课程·教材·教法，2005：

你凝视着书，书也凝视着你。
你见文字多妩媚，料文字见你亦如是。
阅读让我们辽阔。

（1）]因此，在教学过程中，我既引导学生认同与传承优秀文化的，也鼓励他们对文化进行反思与建构。

比如执教《三国演义》里"杨修之死"一节，我就做了大胆尝试。对于杨修之死，一种主流的观点是"小聪明"说，他们认为杨修聪明反被聪明误，这显然是受到韬光养晦的中国传统人生哲学的影响。

小说中的杨修为人恃才放旷，显然与韬光养晦的中国传统人生哲学是格格不入的。如果我们仍然站在韬光养晦的文化立场来审视杨修，那么杨修的举止无疑是自取灭亡，令人费解。

然而，随着社会的逐步开放和多元，这种源于人治社会的韬光养晦的人生哲学越来越显示出其负面的影响。

林语堂早在《中国人之聪明》一文中指出："中国人之聪明，即以聪明抹杀聪明之聪明。聪明糊涂合一之论，极聪明之论也。仅见之吾国，而未见之西方。此种崇拜糊涂主义……盖老奸巨猾之哲学无疑。盖中国人之聪明达到极顶处，转而见出聪明之害，乃退而守愚藏拙以全其身。又因聪明绝顶，看破一切，知'为'与'不为'无别，与其为而无效，何如不为以养吾生。只因此一着，中国文明乃由动转入静，主退，主守，主安分，主知足，而成为重持久不重进取之文明。"林语堂先生可谓一语中的，直击"韬光养晦"之痛处。

你凝视着书，书也凝视着你。
你见文字多妩媚，料文字见你亦如是。
阅读让我们辽阔。

因此，我在教《杨修之死》这篇小说的时候，我首先尊重学生的解读，然后让学生用"哼、啊、嘿、唉、呔、呸"等语气词来评价杨修：

唉，杨修！杨修虽然有才，但他不知道怎么利用自己的才华，所以招来杀身之祸。

哼，杨修！谁叫你那么"放旷"。

呸，杨修！你活该！因为你太狂了，谁受得了啊，你是罪有应得。

这就是同学们的评价。他们基本对杨修进行了否定性的评价。这时，我开始引导他们可以换一个角度思考，说："你们总指责杨修恃才放旷，为什么不劝曹操宽容待人呢？"

这样引导后，一些同学开始明白，杨修是放旷了一些，但是如果曹操宽容一些事情可能就没有那么糟。

那么问题来了：为什么我评价杨修时总是忍不住地翻白眼甚至吐口水呢？

这可能是受社会文化的影响，生活里，我们常听到"枪打出头鸟""木秀于林，风必摧之"这样的说法，知道你行为太张扬了，别人就会看你不顺眼，所以做人行事就会收敛一些。如你凝视着书，书也凝视着你。
你见文字多妩媚，料文字见你亦如是。
阅读让我们辽阔。

果我们再深入传统文化思想里面去找原因，就会发现影响我们这样反应的文化的密码，那就是四个字：韬光养晦。

"韬光养晦"就是"隐藏才能不使外露"的意思，一个"养"字足见人们对这种人生哲学的仰慕、崇拜和认同。我们是中国人，我们的骨子里流淌的是中华民族的血液，所以我们思想深处就会自觉或不自觉地受到这种"韬光养晦"的人生哲学的影响。因此，我们一见到"恃才放旷"的杨修，就会本能地产生一种不舒服，甚至厌恶的感觉。所以，大家用了"哼""呸""活该"等词来评价他。我们说，"韬光养晦"的人生哲学肯定有它合理的地方，然而，随着社会的逐步开放和多元化，如果大家都遵循这样的人生哲学，有没有什么负面的影响呢？同学们讨论后明白，这样的人生哲学导致的后果就是个人无创意，社会难进步。

最后，我以字幕呈现课堂结语并配"埙"演奏的音乐，这就是传说的"洋葱式结尾"：

小说中的杨修走了，留给我们的是无尽的思索……

如果我们用功利的目光审视杨修，那么他的举止无疑是自取灭亡，令人费解的。

你凝视着书，书也凝视着你。
你见文字多妩媚，料文字见你亦如是。
阅读让我们辽阔。

然而，在杨修身上，我们却可以感受到什么是个性飞扬，什么是疏放洒脱，什么是君子坦荡荡，什么是独步啸群雄。

翻开罗贯中的《三国演义》，我们看到一位位血肉丰盈的知识分子如杨修者，大多以悲剧结束了自己的人生之舞。但，那不是他们的错！

斯人已逝，作为生者，我们可以选择韬光养晦的人生哲学，然而我们不应该鄙弃甚至打击那些才华外显、放旷直言之人。因为，没有宽容就没有未来。

这堂课就要结束了，但它带给我们的思索也许远不会停止，相信我们都会渐次成长为一个站立的人。

多年以后，我在网上看到绍兴陈玉萍老师的听后记，恍如回到那天的课堂，现抄录如下：

去岁十一月三十日，余偕同行十四人之杭州，于省委党校听杨聪一课：《杨修之死》。

杨修，恃才放旷，不事守拙，终以锋芒外露而见恶于曹操。曹操量狭，以一己之好恶，假莫须之罪名，动手握之大权，寻机杀之。

课至此，无可指摘亦无甚妙处。然杨聪未作结，

190

你凝视着书，书也凝视着你。
你见文字多妩媚，料文字见你亦如是。
阅读让我们辽阔。

峰回路转，陡见异象。

出《曹植传》："修年二十五，以名公子有才能，为太祖所器……是时，军国多事，修总知外内，事皆称意。并魏太子以下，并争于交好。"以此观之，何来"操恶之"？又，《三国志》曰："太祖虑始之变，以杨修颇有才策，而又袁氏甥也，于是以罪诛修。"以此而论，则杨修之死实乃权谋之牺牲。然则，修、操两人，皆与罗贯中所言不一。何以至此？韩唐《三国十讲》有言：历史资源乃人们抒一己情怀之田亩。水到渠成——如何读小说？杨聪借葛红兵一言：作家之真意，不在字表，乃自字缝渗出。《三国演义》之内，血肉丰盈之知识分子如杨修者，多以悲剧结束其人生之舞。罗贯中怀才不遇之悲，人才遭弃之痛，皆凝于杨修一人。以文观杨修之死，恃才放浪，无非率真任性，罪不足诛。若以功利心视之，杨修之所为无异于自取灭亡，然，此人身上，吾辈可知"何为个性飞扬，何为疏放洒脱，何为君子坦荡荡，何为独步啸群雄"。今人如你我，自可以韬光养晦为人生准则，然万不可以才华外露个性毕现者为异端，责之、弃之、欲置之死地而后快。至此，杨聪剑有所指：不宽容，无未来，何以立人？胸襟是也。

你凝视着书，书也凝视着你。
你见文字多妖媚，料文字见你亦如是。
阅读让我们辽阔。

　　课毕，埙声呜咽，绕梁不绝。千人在厅，如处旷野。良久，方掌声雷动。左右顾之，皆目闪闪而难抑兴奋之色。

　　余坐厅中，亦觉大快平生。得先生如此，孺子之幸也。杨聪年不过三十五，然解读《三国》，感念杨修、曹操、罗贯中至此，实为难得。一部《三国》，深者得其深，浅者得其浅，历来庙堂公卿、山野村夫各有评说，亦无何妨。然师者任重，万不可以一管之见，不读《三国》，不查史据，而作鹦鹉学舌，依教参作呆板无趣之蛮力灌输，诸如杨修"恃才放旷"、曹操"量狭多疑"，仅此而已，再无他语。呜呼！

　　观杨聪之课，思想厚重，立意高远，令学子深思，同行亦沉吟。如何读书，如何读人，如千丝万缕均握于一手：教人求真。

　　昔，余适诸暨牌头听课，后记《黄柳松一课》为念，至今已三年有余。今日得杨聪一课，如空谷传响一击两鸣，又若两山对峙遥相呼应，渐悟语文教学之难穷难尽。余一红妆，深以无须眉之宽大深远为憾。然，虽不能至，心向往之……

你凝视着书，书也凝视着你。
你见文字多妩媚，料文字见你亦如是。
阅读让我们辽阔。

24　鹧鸪天·孔乙己要不要脱下长衫

读绍兴陈玉萍老师的听后记，铮铮然有铁骨之音。

如今，源自绍兴的"孔乙己"突然又火了起来，成了人们茶余饭后的谈资。

曾经，有不少人嘲笑孔乙己，而如今，越来越多的年轻人在孔乙己的身上看到了自己。孔乙己即便穷困潦倒，但身上也总会穿着那件代表自己读书人身份的破烂长衫。

孔乙己要不要脱下自己的长衫？

学完鲁迅的《孔乙己》，我把这个问题丢给了学生。教室里一下子就炸开了锅。

第一组同学从长衫的质地谈起："孔乙己是站着喝酒而穿长衫的唯一的人……穿的虽然是长衫，可是又脏又破，似乎十多年没有补，也没有洗。"他们特别关注到这件长衫的脏与破。这件长衫的问题在于没有更新与迭代。如果说长衫代表的是学历，但这学历显然已经过时了，所以，孔乙己应该好好补一补这条破烂的长衫，与时俱进，输入新的知识与学问。这是补长衫派。

第二组同学在第一组的基础上继续思考：当今时代，很多人都拥有了代表学历的长衫，所以，我们要真正培养的是自己的长处，找到自己的特质，发挥自己的优势，追求错位发展。

他们是换长衫派。

第三组同学属于未来派。他们认为，脱下长衫的读书人去从事体力劳动，最大的风险在于未来自己的职业有可能被人工智能取代。因此，他们也需要时刻把握好机会，为自己留条后路，这才是正确的"脱下长衫"的方式。

第四组同学对此进行了全面而有学术含金量的分享。他们认为，长衫作为受教育、有素养的象征，是不应被抛弃的。一个国家，一个民族何以存在于世界上？是因为教育、知识和思想的存在。在阿尔萨斯和洛林被割让时，韩麦尔的最后一节法语课上，韩麦尔先生让学生牢记"法语是世界上最美的语言"，保住了法兰西民族在阿尔萨斯和洛林的尊严。当蛮族涌入罗马城，罗马帝国似乎灭亡了，但是拉丁字母沿用至今，许多学术上的专业名词直到今天依然都是以拉丁语命名的。罗马灭亡了，但是整个欧洲却又都成了罗马。迦太基的语言和文化被罗马毁灭，从此再未复兴；但是保持着独立语言和文化的希腊却经由罗马和奥斯曼的统治依然得以复国。人类因为研究历史和社会，研究自然的规律，才能发展至今，如果将一切代表文明的事物抛去，事物将停滞不前。由此可见，文化是国家和民族的血脉，是不应被脱去，扔在地上的。

但同时，穿着文化的长衫去干基层的工作就有失身份吗？

苏格拉底在雅典虽然是有名的哲学家，但依然作为较低阶层公民组成的重装步兵在战争中服役；法国思想家萨特虽然是法国20世纪最重要的哲学家之一，也曾在气象台服过兵役。读书不是为了身居高位，也从来不应该是这样，它只是对人发现世界、发现自己的支持，是精神财富而非物质财富，也没有随便兑成物质财富的道理。因此，读书不是为了利益和名声，而是在自我思想上的进阶，它本就不是阻止人去下基层的障碍；真正阻碍人下基层的，还是早已过时的功利主义思想。

　　第五组同学缓缓站立，轻言细语起来："长衫本就不存在，更不应该成为束缚年轻人的枷锁。"此话一出，横扫课堂，如清风拂山岗，明月照大江，教室里掌声雷动。他们分析，年轻人脱不下这件长衫，放不下自己的体面，其实可以归结为一个更深入的问题：要不要做自己？这也就是为谁而活的问题。我们身上披着的长衫是父母对自己的期许，是周围人不断攀升的内卷，是别人告诉自己应该做的事和要成为的人。但我们的人生从来不是为了别人而活，别人的期待、评论与看法只会成为我们肩上的负担，负担越拖越长，也就变成了提不起也脱不掉的长衫。倘若我们不再考虑别人的看法，做真正自己想做的事，学自己真正想学的东西，不好吗？倘若我是一个热爱咖啡的人，我的梦想就是开一家咖啡店，做最好的咖啡，那我为什么要在你凝视着书，书也凝视着你。
你见文字多妩媚，料文字见你亦如是。
阅读让我们辽阔。

乎别人的看法，我可以一直钻研咖啡，直到做出最好的咖啡。所以，做自己真正想做的事，才是最重要的，长衫不该成为我们的束缚。

只要敢于把问题抛给学生，学生就会有精彩的回应，这是我屡试不爽的经验。对于孔乙己要不要脱下长衫，应秉持开放态度。

当全社会再次讨论孔乙己时，我突然觉得，那个"站着喝酒而穿长衫的唯一的人"的站立姿态让我泪目，因为我们常常看到一些知识分子不是躺着，就是趴着，甚至跪着。从这个意义上讲，站着喝酒而穿长衫的孔乙己俨然就是一尊精神的雕像，倔强地守护着知识分子最后的颜面。

「写」为成人之美

诚恳的写作，既有益于他人，又能成全自我。
写作就是照亮我们内心世界的光，它带领我们梳理自己，寻找自己，发现自己，最终成为更好的自己。
我心光明故我在，笔底波澜气自华。

第十站　小牙坞

25　桂枝香·一个秋日的午后

过了梅灵隧道后继续往南走，还不到梅家坞的时候，路边有条小径，一直往山坳里伸进去，到山脚下。沿山有一排狭长的房子，一共十来户人家。这里就是小牙坞。四周一圈，都是茶山，空气清新，最重要的是，明明就在梅家坞边上，那边那么吵，这边却清静得不行。

坐在老乡的院角，一片树叶坠于我的肩头，然后，又晃晃悠悠地飘落在茶树上，像一只美丽的蝴蝶。

"尘世上那些爱我的人，用尽方法拉住我。你的爱就不是那样，你的爱比他们的伟大得多，你让我自由。"

这就是刚刚那片春天的落叶对树说的话了。

此刻，我想起了一个秋日的午后，我们在育海学校国学馆的露天天井里上课，我们四散在形状不一的石头上，阳光正好，微风不燥，天光云影，时间在一问一答间慢了下来，一片桂花树叶飘落在我们中间。

诚恳的写作，既有益于他人，又能成全自我。

写作就是照亮我们内心世界的光，它带领我们梳理自己，寻找自己，发现自己，最终成为更好的自己。

我心光明故我在，笔底波澜气自华。

同学问我最喜欢的课堂氛围是什么样。我看了一眼那片自由的桂叶，讲了自己的想法。

其实，我最喜欢的课堂是这样的：在课上，大家都提出自己的观点，然后老师也不用回答，而是请另外一个同学来回答他的问题。然后呢，又有另外的人提出另外的观点，然后两方争论不休，讨论很热烈，我在一边拍个照片，看大家争论得面红耳赤。在争论中，同学都有各自的成长与收获，然后呢，考试又考得很好，这是我理想的课堂，能实现吗？

还有一种，就是我希望课堂上大家一句话也不讲，保持沉默，每个人都在认真地看书，我觉得也很好。当然这都是理想的境界，不知道你们喜欢哪一种？

班长听后说："其实杨老师的第一种课堂让我想起了一幅画，就是我们历史课上刚刚学过的一幅画叫《雅典学园》，在这个学园中，所有人都在辩论，表达自己的观点，然后又能在不同的观点上提出自己更新的结论，让自己变得更加辽阔。"

我好喜欢"辽阔"这个词啊！

接下来，我们聊了聊写作文是语言重要还是思想重要。

我一直认为语言文字只是语文表面的东西，它只是个工具。我们一定要追问语言文字的背后是什么。

有时你心里面想得很好，哪怕你的表达不是那么流畅，但诚恳的写作，既有益于他人，又能成全自我。
写作就是照亮我们内心世界的光，它带领我们梳理自己，寻找自己，发现自己，最终成为更好的自己。
我心光明故我在，笔底波澜气自华。

我们从你结结巴巴的表达中也能读到你内心世界的丰盈。有些同学写文章表面上看写得很流畅，但是却没有什么思想表达出来，这样的文字也不能打动人。大家说是不是？

所以我觉得，学语文一定要探索语言文字背后的东西，写文章也要运用语言文字来表达你的思想。

其实，生活里有些话乍一听挺有道理，但仔细一想却是有问题的。

比如有人讲：生活不只有眼前的苟且，还有诗与远方。这句话我仔细想想，是非常有"毒"的。

当我们在学习的时候，我们心中想着的是远方，想着马尔代夫，想到喜马拉雅，想着那个遥远的、美好的远方。这会导致一个什么结果？就是我在这里学习，可是我心里面却想着远方。你学得进去吗？你学不进去，你觉得很痛苦，学习是件多么痛苦的事情。什么才是快乐的？就是坐着飞机离开杭州，到遥远的大草原去，到一望无际的大海游玩，那才是快乐的。

这样一来，学习可能就学不好了。学习也学不好，大海也在远方，草原也在远方。一个人就处于一种分裂的状态。

这句话背后传达的是一种分裂的人格，对人是没有好处的。

后来，我把这句话改了一下：生活不只有诗与远方，还有眼前的苟且，要把眼前的苟且活成诗与远方。

诚恳的写作，既有益于他人，又能成全自我。
写作就是照亮我们内心世界的光，它带领我们梳理自己，寻找自己，发现自己，最终成为更好的自己。
我心光明故我在，笔底波澜气自华。

生活有诗与远方没错，但是我们大部分时间还是在苟且里活着。我们不要在苟且里痛苦，而要在苟且里快乐，因为你不快乐的每一天都不是你的。

所以你们在写作业的时候也要写出诗与远方来。有同学说：老师，这怎么可能？完全有可能啊，这就是说，当你对这个题目有感觉的时候，心里会有一丝愉悦的感觉！如果人一生中都没有这样一个愉悦的感觉，那这人生真是白活了，所以我们要调整我们的心态。

1924年5月15日，朱自清在位于绍兴白马湖畔的春晖中学做过一次题为"刹那"的演讲，公开宣讲了他的"刹那主义"人生观。所谓"刹那主义"，就是珍视极短的现在，即此时此地此我。"现在"虽不是最好，却是最可努力的地方，就是我们总能管的地方，因为是最能管的，所以是最可爱的。事情已过，追想是无用的；事情未来，预想是无用的；只有在事情正来的时候，我们可以把握它，发展它，改正它，补充它，使它健全，谐和，成为完满的一段落，一历程。

这种"刹那主义"，不同于古代的"及时行乐"和西方的"颓废主义"，而是温和而务实的人生态度，也就是要把眼前的苟且活成诗与远方。

说到这里，相信我的同学，不要再想了，赶快去做你今诚恳的写作，既有益于他人，又能成全自我。

写作就是照亮我们内心世界的光，它带领我们梳理自己，寻找自己，发现自己，最终成为更好的自己。

我心光明故我在，笔底波澜气自华。

天的事吧；不相信的同学，也不要再想，赶快去做你今天的事吧！

26　西江月·三只羊吃草

从小牙坞站往回走 300 米，从一个石桥旁往下走，就可以看到一个悠长的峡谷地带，一边是茶园，一边是潺潺的小溪，这就是柴窑里。春天的柴窑里茶香扑鼻，各种山花肆意开放，蜜蜂与蝴蝶在山谷间自由飞舞；冬天下雪的日子，是柴窑里最美的时节，白雪轻轻地落在茶树间，青白相间，就像一朵一朵雪白的花朵开满整个茶园。

溪边有一棵脸盆粗的树，树下有一张茶桌和几把椅子。可以想见，平时，有人在茶园劳作，有人在这里品茶，有人什么也不干，就坐在这里看看茶树。

这让我想起民国时期一本小学二年教材上的一篇文章中有这么一句话：

三只羊在吃草，一只羊没在吃草，它在看着花。

有一次我上课，要同学们将这句话扩写成一篇文章。其中李同学这样写：

诚恳的写作，既有益于他人，又能成全自我。

写作就是照亮我们内心世界的光，它带领我们梳理自己，寻找自己，发现自己，最终成为更好的自己。

我心光明故我在，笔底波澜气自华。

　　三只羊在吃草，一只羊没在吃草，它在看着花。

　　看花的羊看了看另外三只羊说："你们不觉得吃草是件很无聊的事吗？"

　　一只羊边咀嚼草边说："你说什么呢？我们不吃草，不会饿死啊？"

　　"那你不觉得看花比吃草更有意义吗？看花多好呀。"它继续看着花说。

　　"看花有什么用？又不能填饱肚子，还不如吃草呢。"另一只羊不屑地瞟了它一眼，附和道。

　　"你们当初还认为花很有趣，可后来就变得只知道吃草了。"它又带着一丝惋惜述说着，"你们只懂如何让自己的身体更舒适。"

　　吃草的羊都满脸疑惑，把看花的羊从头看到尾，说道："你疯了吧，吃到有毒的草了？难道不应该让自己的身体更舒适吗？"

　　"我才没吃到有毒的草呢，看花才会让你吃出草的鲜美。"那只羊还是目不转睛地注视着花，然后忘记去反驳吃草的羊，仍由它们喋喋不休。

　　过了几个月，那三只埋头吃草的羊长得很肥，被人掠去杀了，而那只看花的羊不够肥，就存活了下来。

> 诚恳的写作，既有益于他人，又能成全自我。
> 写作就是照亮我们内心世界的光，它带领我们梳理自己，寻找自己，发现
> 自己，最终成为更好的自己。
> 我心光明故我在，笔底波澜气自华。

这个结局反转了。看花看似无用，但在李同学的笔下却变成了延年益寿之大用。这告诉我们，人在满足自己物质欲望的同时，别忘了我们还应有精神的生活，最终让自己活下来的不是物质而是精神，这太有趣了，完全颠覆了我们对物质与精神的认知。

> 医学、法律、商业、工程，这些都是崇高的追
> 求，足以支撑人的一生。但诗歌、美丽、浪漫，这些
> 才是我们活着的意义。

电影《死亡诗社》中的这句话送给大家，愿大家都有一段美丽的人生之旅。

另外插入一个花絮，2018 年我受钟海平和毛卫华二兄之邀，前往丽水遂昌育才初中执教《苏菲的世界》名著阅读指导课，就是在那堂课上，正读初二的李同学当堂写下此文，后来，他在2021 年获得第 38 届全国中学生物理竞赛金牌，并进入了国家集训队。之所以讲这个花絮，是因为我想说，擅长理科的学生也能写出惊世之作。

写作要打破条条框框，但并不是说写作就不要技巧。其实，写作也是有一些可供遵循的方法，比如李同学所用的"反转"。

诚恳的写作，既有益于他人，又能成全自我。

写作就是照亮我们内心世界的光，它带领我们梳理自己，寻找自己，发现自己，最终成为更好的自己。

我心光明故我在，笔底波澜气自华。

我再来为大家举个例子：

黎巴嫩作家纪伯伦《诗人》一文是这样的：

有四位诗人同时面对一杯美酒。

第一位诗人说："似乎，我用我的第三只眼，看到美酒馥郁的香气弥漫在空中，如同一群鸟儿在迷人的树林里翩然飞舞。"

第二位诗人抬头吟道："借助我的内耳，我聆听到那些晨雾般的鸟儿在歌唱。悠扬的歌声荡漾在我的心扉，犹如白玫瑰用花瓣留住采蜜的蜂儿。"

第三位诗人轻闭双眸，舒展双臂，说："我用我的手触摸它们，感触到它们的翅膀，就像一个睡美人在我指间轻柔地呼吸。"

（纪伯伦. 纪伯伦散文诗经典 [M]. 李唯中，译. 江苏：译林出版社，2019.）

大家听，真不愧是诗人，他们对美酒的描述是那么的诗意。

前面三位诗人分别从视觉、听觉、触觉的角度描述了美酒带给他们的感受。

那么，你猜猜看，第四位诗人会怎么说。如果我们来做一

> 诚恳的写作，既有益于他人，又能成全自我。
> 写作就是照亮我们内心世界的光，它带领我们梳理自己，寻找自己，发现自己，最终成为更好的自己。
> 我心光明故我在，笔底波澜气自华。

个续写题的话，很多人都会沿着前面三位诗人的路子走的。

然而，第四位诗人起身端起酒碗，说："噢，朋友们，我的视觉、听觉和触觉都太迟钝，既看不到美酒的香气，也听不到它的歌声，更感觉不到它的翅膀的微颤，我只知道这仅仅是碗美酒。现在看来，我应该把它喝下，好让我的感官敏锐一些，以便能达到你们那高深的境界。"

说罢，他便举碗齐唇，仰头把美酒喝个精光。

另外的那三位诗人目瞪口呆，眼里流露出的仇恨不含丝毫诗意。

你看，这就是反转。别的诗人面对美酒说一些美丽的句子来赞美，我们以为第四位也会如此，不承想他却一口喝掉了美酒。作者行文的思路与我们的预期发生了冲突。

反转就是在文章的中部或者快结束时使文章的思路或观点陡然逆转，出现意想不到的结果，从而让读者的内心产生强烈的波澜，或惊喜，或震撼，给阅读者带来全新的阅读体验。

但是要特别提醒你，反转虽在阅读者的意料之外，却又要在情理之中。

通过反转，我们明白了一个更深刻的道理，原来作者认为真正的诗人，应该是第四种人，真性情，听从自己内心的想法，看到美酒，只想喝，没有别的想法。作者意在讽刺那种心口不诚恳的写作，既有益于他人，又能成全自我。

写作就是照亮我们内心世界的光，它带领我们梳理自己，寻找自己，最终成为更好的自己。

我心光明故我在，笔底波澜气自华。

一附庸风雅的伪诗人，向虚伪宣战。实际上，各行各业都要向虚伪宣战，毕竟我们不想活在一个虚伪的世界里。

这种反转，升华了文章的主题，带给读者一种坐过山车的感觉，这就是传说中的高峰体验。

有一年我改中考卷，当年的作文是以"问题"为话题写一篇文章。一个学生写的作文题目是："自然是什么"。

第一段写，自然是音乐，虫鸣鸟唱，溪水潺潺，大自然用各种声音构建了一个音乐的世界。

第二段写，自然是美术，春天百花开，花红柳绿，秋天金黄的稻穗铺满田野，冬天白雪皑皑，白茫茫大地真干净。自然像一位美术师，变换着四季的颜色。

第三段写，自然是哲学，站在水边，看一江春水，逝者如斯，不舍昼夜，告诉我们要珍惜当下；大雁一会儿排成一字一会儿排成人字，实际上是借集体的力量才能飞得更远，这告诉我们一群人才能走得远，等等。

这三段，我只记得大概，小作者用了描述的语言，进行了大量铺排式的描写，细节也特别生动传神。这很好，但还不足以给他高分。

当我看到最后一个自然段的时候。我就毫不犹豫地要给他满分。

诚恳的写作，既有益于他人，又能成全自我。
写作就是照亮我们内心世界的光，它带领我们梳理自己，寻找自己，发现自己，最终成为更好的自己。
我心光明故我在，笔底波澜气自华。

你知道他写了什么吗？

其实就是一句话，他说：

自然其实什么都不是，自然就是自然。

你看，是不是反转了，把前面的自然是音乐、美术、哲学全否定了。在否定中让文章一骑绝尘，走向高处、远处和深处。

是啊，自然不就是自然而然吗？是人们自作多情把它比喻成这样那样，自然愿意吗？我们从来没问过。

这一反转，达到了道家哲学的境界，我毫不犹豫地要给他满分。但后来，另一个老师找出了他文中的一个错别字，扣了一分。但这篇文章已经是当年的最高分了。

诚恳的写作，既有益于他人，又能成全自我。

写作就是照亮我们内心世界的光，它带领我们梳理自己，寻找自己，发现自己，最终成为更好的自己。

我心光明故我在，笔底波澜气自华。

第十一站　梅家坞

27　江城子·作文的背后站着一个人

沿梅灵路行走，两旁都是青青的茶园和潺潺的小溪，纵深十余里，故有"十里梅坞"之称。

来梅家坞，我最喜欢去梅家坞 1 号后面的三棵古树下坐坐。

远看三棵树，就像和谐共处的一家人，它们彼此相依又各自独立，任天风在他们中间穿行。

三棵树中，年龄最长的是苦槠，已有 310 岁，平均冠幅 16.5 米，树高 20 米，树围为 330 厘米，在苦槠旁边的是樟树，160 岁，平均冠幅 20 米，树围为 160 厘米。这两棵树相距不过 20 厘米，根紧握地下，叶相逐云里，相亲相爱。在他们后面约 20 米的地方，还有一棵樟树，那一定是他们的孩子吧，120 岁，平均冠幅 18.35 米，高 14 米，树围为 260 厘米。

他们蓬勃地站立在梅家坞肥沃的土地里，从不因别人的闲言碎语有丝毫的动摇，像极了一个古老的传说。

如今，我们不少人总是生活在别人设计的条条框框里，也

> 诚恳的写作，既有益于他人，又能成全自我。
> 写作就是照亮我们内心世界的光，它带领我们梳理自己，寻找自己，发现自己，最终成为更好的自己。
> 我心光明故我在，笔底波澜气自华。

常用别人的闲言碎语来描绘自己的人生。

我想起闫纯君老师远在山西柳林的一个叫"龙花垣"的乡村小学为孩子们上诗歌课的情景。闫老师先把网络中找到的关于诗歌的定义写在一张纸条上，上课时，她快速地念了一遍，然后问同学们：记住了吗？没有一个孩子举手。闫老师马上撕掉了那张纸条，对学生说："写诗才没有那么多条条框框，不需要怀才不遇，不需要长发飘飘，虽然这一刻你们是教室里的学生，但下一刻你们拿起笔，你们就是诗人。"

这撕纸的行为真是太酷了！

我们自己作文时，不知道脑海里是哪里来的那些先入为主的作文套路，把活蹦乱跳的少年套得规规矩矩，不少同学的文字仅追求四平八稳，我很少看到少年的热血与轻狂。

套用闫老师话，作文其实没有那么多条条框框，只要你拿起笔，你就是王者，一切都是你说了算。

作文的背后应站着一个人，注意是"站着"，不是跪着，趴着，甚至躺着；而且是"一个"，不是一群一伙，强调的是独特，是个性，是与众不同，因为世界上没有两片完全相同的树叶。

少年是什么？少年是天真、纯洁、真诚；少年是新奇、勇敢、锐气；少年可以一身一脸的污泥，但心里面是干干净净的，那颗心依然纯真、敏感，宛如始初。少年是永远年轻，永远热

杭州 语文美得浪

诚恳的写作，既有益于他人，又能成全自我。
写作就是照亮我们内心世界的光，它带领我们梳理自己，寻找自己，发现自己，最终成为更好的自己。
我心光明故我在，笔底波澜气自华。

泪盈眶。

少年自信昂扬，开明解放，充满青春的气息和浪漫的豪情，即便忧伤，也不失其乐观向上；即便失败，也不坠青云之志；即便孤独，也流露着无限生意。少年心事当拿云。这就是"少年精神"。

"少年精神"这个提法最先是北大教授林庚先生在研究唐诗的时候提出来的。他认为唐人的生活是以少年精神作为它的骨干。

林庚先生认为，王维是少年精神的代表人物。王维写过一组诗叫《少年行》，共四首。这些诗从不同的侧面描写了一群急人之难、豪侠任气的少年英雄，对游侠意气进行了热烈的礼赞，表现出盛唐社会游侠少年意气风发的精神面貌。组诗每一首都各自独立，各尽其妙，又可以合而观之，构成一组结构完整而严密的诗章。这组诗歌表现了王维早年诗歌创作的雄浑劲健的风格和浪漫气息，同时从中也可以看出年轻时王维的政治抱负和理想，显示出强烈的英雄主义色彩。其中的一首大家可能比较熟悉：

新丰美酒斗十千，咸阳游侠多少年。相逢意气为君饮，系马高楼垂柳边。

诚恳的写作，既有益于他人，又能成全自我。
写作就是照亮我们内心世界的光，它带领我们梳理自己，寻找自己，发现自己，最终成为更好的自己。
我心光明故我在，笔底波澜气自华。

当然，我提起这首诗不是让大家也去喝酒，而是认为从中可以读出少年活泼的情趣。他的"雨中山果落，灯下草虫鸣"所流露出来的异乡情调与浪漫气质也都是少年心情的表现。

高适的"莫愁前路无知己，天下谁人不识君"，多么昂扬而自信，李白的"吾爱孟夫子，风流天下闻"，多么天真而深情，岑参的"马上相逢无纸笔，凭君传语报平安"，多么豪迈多么具有男子气概。

在诗人们的笔下，一种奔放的豪情，浑然的天真，隐于字句之外，一切悲哀都过去了。

梁启超先生在《少年中国说》中说：

欲言国之老少，请先言人之老少。老年人常思既往，少年人常思将来。惟思既往也，故生留恋心；惟思将来也，故生希望心。惟留恋也，故保守；惟希望也，故进取。惟保守也，故永旧；惟进取也，故日新。惟思既往也，事事皆其所已经者，故惟知照例；惟思将来也，事事皆其所未经者，故常敢破格。老年人常多忧虑，少年人常好行乐。惟多忧也，故灰心；惟行乐也，故盛气。惟灰心也，故怯懦；惟盛气也，故豪壮。惟怯懦也，故苟且；惟豪壮也，故冒险。惟苟且诚恳的写作，既有益于他人，又能成全自我。

写作就是照亮我们内心世界的光，它带领我们梳理自己，寻找自己，发现自己，最终成为更好的自己。

我心光明故我在，笔底波澜气自华。

也，故能灭世界；惟冒险也，故能造世界。

从梁启超先生的论述中，我们可以将"少年精神"概括为四句话，那就是：常怀希望而进取、常思将来而革新、常怀热爱而欢喜、常怀豪气而冒险。

纵观梁启超一生，他始终充满进取精神、革新精神、欢喜精神、冒险精神，追着时间奔跑，理念思想、生活方式、志趣追求始终年轻、永远不老。当别人趋于保守了，他还在激进；当别人开始退步了，他还在前行；当别人头脑僵化了，他仍旧活跃；当别人心态苍老了，他依然年轻。

当今时代，正逢大变革、大发展，无论于庙堂之高还是江湖之远，都需要梁启超那种面向未来、拥抱变化、趣味人生的"少年精神"。新时代需要新民众，我们唯有在思想观念、行动方式上与时俱进，才能推动进步，实现岁月欢喜。

苏同学在初二曾写下这样的文字：

年少轻狂，才叫年少。

轻狂的年代，却备受指责。常有人说："你如此自大，难成大事。""自大的人从不听别人的意见，吃大亏！"

214

诚恳的写作，既有益于他人，又能成全自我。

写作就是照亮我们内心世界的光，它带领我们梳理自己，寻找自己，发现自己，最终成为更好的自己。

我心光明故我在，笔底波澜气自华。

　　轻狂又有什么不好，我比别人多的是百倍信心。

　　蚂蚁轻狂，企图搬起巨大的爬虫，结果他搬起来了。

　　蜗牛轻狂，企图爬上冲天的大树，结果他爬上去了。

　　愚公轻狂，企图移走王屋与太行山，结果他成功了。

　　世人却不轻狂。

　　茫茫世界，所有人做事都是小心谨慎的，小心翼翼地一步步前行，又有何人问过自己："为何不自信地大步前行呢？"

　　世人不敢。

　　他们担心前方有陷阱，前方有山崖。混乱的世界造就人们混乱的思维，有序的世界造就人们有序的思维。但，为何不无忧一些，无虑一些，无知一些，无识一些，无法无天一些？

我非常欣赏苏同学这种无拘无束、无惧无畏的写作，从他的文字背后，我们可以看到一个自信阳光、豪气干云的少年。

每一篇作文的背后都应站着一人，而这个人不应是老气横秋、唯唯诺诺的中年闰土，而应是手握钢叉、活力四射的少年诚恳的写作，既有益于他人，又能成全自我。
写作就是照亮我们内心世界的光，它带领我们梳理自己，寻找自己，发现自己，最终成为更好的自己。
我心光明故我在，笔底波澜气自华。

闰土。我们要特别警惕依偎于陈旧的话语里，平庸地谈论一些大而无当的公共话题。只有在作文中将自己那充满个性、自由且有敏锐发现的感知写出来，将文字引至思想、心灵和梦想的高处，思想的花朵才会在作文中绽放。

那么，如何活出自我，不被他人的闲言碎语左右呢？

有一个办法，那就是培养自己被讨厌的勇气。

人在社会上行走，往往习惯戴着面具生活，害怕不合群，害怕被讨厌，追求在人群中被喜欢，却忽略了"被讨厌"的重要性。

《被讨厌的勇气》里说："如果你无法不在意他人的评价、无法不害怕被人讨厌，也不想付出可能得不到不认同的代价，就无法贯彻自己的生活方式。"（岸见一郎，古贺史健.被讨厌的勇气[M].北京：机械工业出版社，2020.）

人生在世，面对纷繁复杂的人际关系，或多或少都会遇到各种评价，这个时候，拥有"被讨厌的勇气"格外重要。不活在别人的评价里，敢于"被讨厌"，敢于活出真我，但前提是，我们要以诚实、正直和共情的态度来面对并尊重自己以及他人。

歌手李健说："一个人，最快乐的是拥有仅仅属于自己而仅有你才能得到如此巨大快乐的生活，这是一件智慧的事情。"所以，我们的人生不能任由别人的闲言碎语来描绘，我们要用自诚恳的写作，既有益于他人，又能成全自我。
写作就是照亮我们内心世界的光，它带领我们梳理自己，寻找自己，发现自己，最终成为更好的自己。
我心光明故我在，笔底波澜气自华。

己的语言来描绘自己的人生，做人是这样，作文亦然。

28　清平乐•叩问日常生活的意义

前面一讲，我们讲的是"作文的背后站着一个人"，主要是谈作文的观念，这一讲，我们谈谈日常生活对于作文的意义。

> 作业作业再作业，考试考试又考试。我们麻木地张望着外面的世界，空洞地等待奇迹的出现，可一切依然了无生趣。生活没有色彩，一切按部就班。天天重复着同样的生活，没有创造，没有变化。为了生活，我们过的是没有生活的日子，为了理想，我们过的是没有理想的生活。谁能告诉我，生活的意义在哪里？（好痛苦）

以上是一个署名为"好痛苦"的同学在网上发的帖子。想必，不少同学也有类似的感受吧！

"生活的意义在哪里？"对于这个问题，我想了无数个晚上和白天，终于得到了一个答案。今天，在这里，我要非常负责地对大家说，我思索的结果就是：生活是没有任何意义的！

生活是没有任何意义的，但我们要为之赋予一个意义。

诚恳的写作，既有益于他人，又能成全自我。
写作就是照亮我们内心世界的光，它带领我们梳理自己，寻找自己，发现
自己，最终成为更好的自己。
我心光明故我在，笔底波澜气自华。

那么如何赋予日常生活以意义呢？

首先，要看到一地鸡毛里的精神光辉。也就是说要用诗意的眼光来看待生活，要对日常生活进行诗性观照。韩剧所反映的往往是平常琐碎的生活，在我们看来是很普通的，但是当它慢慢地展开以后，看着看着我们就觉得这些事情也有意思起来了。

为什么会这样呢？因为韩剧给我们展示的虽然是漫长而又琐碎的日常生活，但从中却透出一种简单、纯净和含蓄的美，一些光亮就从灰色的日常生活里升腾起来，昭示着它的诗性存在。比如有位同学给我讲，感觉每天上学放学都走的是同一条路，没意思。但有一天，他突然抬头，看见树上有两只不知道名字的鸟站在枝头相互鸣叫，好像聊天一样。这几声鸟鸣像清露般坠入了他的心里，上学之路瞬间明亮了起来。

苏轼被贬海南，有一天他出游后却找不到回家的路，突然发现路边有一堆又一堆的牛粪，于是他灵机一动，沿着牛粪的方向找到了回家的路。他很高兴，觉得今天不虚此行，发现了另外一种找家的路标，就写了一首诗：

半醒半醉问诸黎，竹刺藤梢步步迷。
但寻牛屎觅归路，家在牛栏西复西。

诚恳的写作，既有益于他人，又能成全自我。

写作就是照亮我们内心世界的光，它带领我们梳理自己，寻找自己，发现自己，最终成为更好的自己。

我心光明故我在，笔底波澜气自华。

苏轼就是苏轼，苦涩的日子在他挥手之间就转化得如此诗意盎然，妙趣横生。

其次，要善于意义转换。老舍在《小病》里这样说：

小病可以增高个人的身份。不管一家大小是靠你吃饭，还是你白吃他们，日久天长，大家总对你冷淡。假若你是挣钱的，你越尽责，人们越挑眼，好像你是条黄狗，见谁都得连忙摆尾；一尾没摆到，即使不便明言，也暗中唾你几口。如果你得病一回，早晨起来，哎呀，头疼！买清瘟解毒丸去，还有阿司匹灵吗？不在乎要什么，要的是这个声势，狗的地位提高了不知多少。连懂点事的孩子也要闭眼想想了——这棵树可是倒不得呀！你在这时节可以发散发散狗的苦闷了。你若是个白吃饭的，这个方法也一样灵验。特别是妈妈与老嫂子，一见你真需要阿司匹灵，她们会知道你没得到你所应得的尊敬，必能设法安慰你：去听听戏，或带着孩子们看电影去吧？她们诚意地向你商量，本来你的病是吃小药饼或看电影都可以治好的，可是你的身份高多了呢。

诚恳的写作，既有益于他人，又能成全自我。

写作就是照亮我们内心世界的光，它带领我们梳理自己，寻找自己，发现自己，最终成为更好的自己。

我心光明故我在，笔底波澜气自华。

这段文字启示我们：把坏事往好处想，就会觉得坏事也不坏。也就是说，当遇到不如意的事的时候，我们不妨转一个角度、换一个思路来看待它，可能就有不一样的感受。大家一般都认为初三的生活很苦，日子很难熬，这样越想越难过。如果换一个角度来看初三，是不是会有别样的风景呢？

最后，要有感恩的心。只要我们用感恩的心生活，每一个平平常常的日子就都会有意义起来。请看下面这篇韩少功先生的文章，可能会对我们有所启迪。

我首先会感谢那些猪——作为一个中国南方人，我这一辈子吃猪肉太多了，为了保证自己身体所需要的脂肪和蛋白质，我享受了人们对猪群的屠杀，忍看它们血淋淋地陈尸千万，悬挂在肉类加工厂里或者碎裂在菜市场的摊档上。

我还得深深地感谢那些牛——在农业机械化实现以前，它们一直承受着人类粮食生产中最沉重的一份辛劳，在泥水里累得四肢颤抖，口吐白沫，目光凄凉，但仍在鞭影飞舞之下埋头拉犁向前。

我不会忘记鸡和鸭。它们生下白花花的宝贝蛋时，怀着生儿育女的美丽梦想，面红耳赤地大声歌唱，怎么也不会想到无情的人类会把它们的梦想一批诚恳的写作，既有益于他人，又能成全自我。
写作就是照亮我们内心世界的光，它带领我们梳理自己，寻找自己，发现自己，最终成为更好的自己。
我心光明故我在，笔底波澜气自华。

批劫夺而去，送进油锅里或煎或炒，不容母亲们任何委屈和悲伤的申辩。

（韩少功．山南水北 [M]. 北京：作家出版社，2006.）

有这么多的东西帮助了我们的成长，我们还有什么理由不好好地度过每一个平常的日子呢？好好生活，就是对它们最好的感激。李汉荣先生在他的《对孩子说》 文中，也谈到了这一点。

为了生长，你不得不多吃一些东西，这就不得不请求别的生命的帮助，这就难以避免地伤害了它们，憨厚的猪、忠实的牛、活泼的鱼、诚恳的鸡……都帮助了你的生长，多少牺牲构成了生命的庙宇。看似理所当然的过程，实际却充满着疼痛和伤害。为此，感恩和忏悔，应该成为你一生的功课。

"理所当然"这个词对我触动很深，我们之所以觉得平常的日子灰暗无光，最主要的是存在一种"理所当然"的心态。只有对生活保持"人生若只如初见"的感觉，才会生活得有滋有味，有意义。有人说，生活就是一种感觉。我感觉挺有道理，只要把美好的感觉赋予生活，生活就会显现出意义和美好。

美国作家罗伯特·福尔姆在《我们得回到幼儿园》里提出：充满生活之思，因思索而使日常生活显现出意义与美好。且看诚恳的写作，既有益于他人，又能成全自我。

写作就是照亮我们内心世界的光，它带领我们梳理自己，寻找自己，发现自己，最终成为更好的自己。

我心光明故我在，笔底波澜气自华。

他对我们司空见惯的"洗衣机"是如何思考的：

> 要是有一天哪个科学家能够发明一种能清洗人的大脑和思想的东西就好了！喝下一杯去就能够除去我们精神中的尘埃，软化我们固执的头脑，保护我们体内的器官，让我们易于冲洗，使我们也不会由于时间的久远而发黄或者是起褶皱，保存住我们自然的颜色，使我们变得可爱可亲。（福尔姆.我们得回到幼儿园 [M].北京：中国档案出版社，2001.）

看着洗衣机清洗衣服就想到清洗我们的内心，这样，洗衣服也变得十分有趣起来，有意义起来。我们的思想也的确需要定期清洗，除去精神的尘埃，重获自然的颜色，让我们保持新鲜。

总之，只有用心生活，我们才能赋予日常生活以意义。只有把日常生活过得有意义了，作文才能写得好，因为生活是写作的重要源泉。

我感觉，生活即作文，有什么样的生活就会有什么样的作文。写作必须关注生活，关注自我，关注心灵。我始终认为，语文课不仅要教会大家写好作文，更为重要的是，希望大家通

> 诚恳的写作，既有益于他人，又能成全自我。
> 写作就是照亮我们内心世界的光，它带领我们梳理自己，寻找自己，发现自己，最终成为更好的自己。
> 我心光明故我在，笔底波澜气自华。

过学习能成为一个幸福完整的人。

但是，我们不少同学却对自己的日常生活非常冷漠，无法发现日常生活的意义。在具体的写作过程中，他们很随意地将自己活生生的现实生活抛之脑后，或编造一些似是而非的故事来迎合作文的"话题"，或罗列一些冰凉的材料来证明貌似崇高的观点，或以老气横秋的姿态来玩弄哲学的艰深。甚至，不少孩子把古代的名人请来作为自己的写作素材。于是，我们惊奇地看到，屈原一次又一次地跳江，李白一杯又一杯地喝酒，杜甫一声又一声地长叹，司马迁一次又一次地被阉割，如此等等，不一而足。我们所要做的，是聚焦自己的日常生活，从日常生活中去发现鲜活的写作素材，写出自己对生活的独特感受。古今中外，那些真正打动我们的文字，哪一个不是生活里土生土长出来的呢？

你永远可以相信脚下的土地，也永远可以相信自己的生活。

我们要做的，就是用脚观察，用手思考。

写好作文，你必须认真生活，最好成为一个生活家。

29 菩萨蛮·把你的目光抬高一寸

有了生活的体验，作文就可以顺利地写出来，那么，如何诚恳的写作，既有益于他人，又能成全自我。
写作就是照亮我们内心世界的光，它带领我们梳理自己，寻找自己，发现自己，最终成为更好的自己。
我心光明故我在，笔底波澜气自华。

让我们的作文升格，更上一层楼呢？

实际上，我们对自我和世界的认知都源于每个人的心智模式，它影响着我们看问题的角度和深度，而作文其实反映的正是我们对自我和世界的认知。所以，要让作文升格，最本质的还是要不断突破旧有的心智模式，打破思维的枷锁，把我们的目光抬高一寸，站在更多维的角度去观察所谈论的话题，这样写出来的作文格调自然就会高一些。

所以，作文升格最重要的就是要实现心智突围。

一方面，我们要敢于突破僵固型心智模式。所谓僵固型心智模式，就是思维僵化固定，不灵活不变通。我们生活在人群和社会中，很容易受到社会一些固有观念的影响，这种影响有时根深蒂固，以致我们自己就会陷在无法自拔的僵固型心智模式里，提笔写作时，就会毫不觉察地将这种固有的观念和认知用在自己的作文里。如果我们开始有意识地对习以为常的观念按下暂停键，适时抬高自己的目光，从不同角度去观察相同的话题或概念，这种多元洞察往往就会使新的见解破壳而出。

比如对于"胆怯"这个话题，人们一般都持比较负面的评价，我们从小到大都被鼓励胆子要大一点，胆怯甚至成为道德上的瑕疵。著名作家毕飞宇在《胆怯的意义》一文里却认为胆怯是老天爷给我们的重要礼物。毕飞宇讲，他儿子七八岁的时诚恳的写作，既有益于他人，又能成全自我。
写作就是照亮我们内心世界的光，它带领我们梳理自己，寻找自己，发现自己，最终成为更好的自己。
我心光明故我在，笔底波澜气自华。

候胆子很小，每当孩子感到恐惧的时候，他就会说："孩子，恭喜你，你真了不起，你成长了，你有恐惧感了。"为什么这样讲呢？他觉得恐惧太重要了，如果你在大白天爬山，你也许能健步如飞，如果你在黑夜里爬山也像白天那样健步如飞，你一定会掉下去。这说明胆怯是上天对生命的提示，它让你保护自己，让你自珍自爱。恐惧的意义就是让你停下来，先分析一下外部的局面，找到障碍在哪里，再寻找克服障碍的方案，然后再去行动。

你看，面对"胆怯"这个大家习以为常的话题时，毕飞宇没有进入人云亦云的僵固型心智模式里，而是从一个相反的视角来看待"胆怯"，从而发现了"胆怯"的积极意义，获得了新的理解。其实，在今天这个飞速发展的时代，我们是不是要鼓励人的胆子还是小一些为好，尤其在自然面前？

另一方面，我们更要建构成长型心智模式。所谓成长型心智模式，就是保持开放的胸怀，以积极的心态面对问题，更多从自身角度去找原因并寻求解决办法，追求的是自身成长，而不只是逞口舌之快的愤怒和埋怨。

学完小说单元，我要求同学针对契诃夫小说《苦恼》写一篇文学短评。《苦恼》讲的是一位名叫姚纳的车夫，一心想跟别人谈谈他才死不久的儿子，减轻一些内心的伤痛，可几次三番没有人听他的，结果他只好把满腹心事向他的小马诉说。很多同学都对悲伤无处诉说的姚纳充满同情，批判沙皇俄国世态炎凉和当时人与人关系的自私与冷漠。这也是市面上能查到的较为普遍的解读。

但有一个学生却不这样想。

她感觉姚纳没有自我治愈的意识，一味希望自己的苦难被别人听到。姚纳是一个可怜的车夫，老婆孩子接连死去，话语里无限的省略号透露出无限的忧伤。归根结底，姚纳还是无法直视自己在困境中的状态，反而一味地将希望寄托于他人，希望别人理解他，倾听他，他在无法拯救自我的困境中挣扎，脱身不得。社会不是童话，人在低谷时应当收起自己的倾诉欲。人与人的悲伤很难相通，这世上本就缺少真正的感同身受。姚纳4次求助4次碰壁，没有人理解他，像极了鲁迅先生笔下的祥林嫂。与其跪着与人分享，不如独自匍匐爬起，只有真正的自我强大，这种痛苦才能减少。

这位同学如此与众不同的观点，背后的逻辑就是她拥有成长型心智模式。所以，她对主人公的观察，不再局限于对他人和社会的批判，而是反求诸己，希望主人公从自身出发去寻找解决苦恼的有效办法。

实际上，拥有成长型心智模式的人面对问题想得更多的是

> 诚恳的写作，既有益于他人，又能成全自我。
> 写作就是照亮我们内心世界的光，它带领我们梳理自己，寻找自己，发现
> 自己，最终成为更好的自己。
> 我心光明故我在，笔底波澜气自华。

"怎么办"，他们不挑刺儿，而是挑出刺儿。所以，拥有成长型心智模式的同学在作文时就少了些埋怨和指责，多了些建设性和方法论，格调自然就比别人高明一些。

正致力于提升作文水平的你，不妨先从心智模式的突围开始吧！

30 满庭芳•作文就是说话

写到现在，我觉得很有必要和大家聊聊"为什么"要写作的问题。

西蒙·斯涅克在《从"为什么"开始》提出做事的"黄金圈法则"：最内层是"为什么"，也就是追问做一件事的原因或目的，属于战略层面；中间层是"怎么做"，即如何去做好这件事情，属于战术层面；最外层"是什么"，即最终得到什么或者要做哪些具体的事，这基本是事情的表象，属于执行层面。

（斯涅克. 从"为什么"开始 [M]. 苏西，译. 深圳：海天出版社，2011.）

对于写作来说，也符合"黄金圈法则"，只有弄清楚了"为什么"写的问题，才能激发我们的写作欲望，有了写作欲望，我们才能去想怎么写的问题，有了里面两层的推动，最后自然

诚恳的写作，既有益于他人，又能成全自我。

写作就是照亮我们内心世界的光，它带领我们梳理自己，寻找自己，发现自己，最终成为更好的自己。

我心光明故我在，笔底波澜气自华。

就会呈现出一篇好的作文。

乔治·奥威尔在《我为什么写作》中讲了四点原因，第一点就是：纯粹的个人主义。

> 写作其实有一个强烈的动机，那就是希望以聪慧著称，希望为世人津津乐道，希望青史留名，希望在小时候瞧不起你的大人面前扬眉吐气。谁不承认这是写作动机之一，其实就是自欺欺人。

（奥威尔.从"为什么"开始[M].刘沁秋，赵勇，译.南京：南京大学出版社，2008.）

原来，写作的第一个原因是为个人，而非别人，或者说不是别的什么外在的理由。

乔治·奥威尔接下来阐述了什么是纯粹的个人主义。

写作其实是以自我为中心，满足自己的虚荣心。

是啊，写作就是表达自己对这个世界的看法和见解，就是表现自己内心的一种生命的欲求，写作是一件特别自我的事情，写作就是写自己。

这个道理，我其实也是在多年以后，教了七八年书才真正明白的。

诚恳的写作，既有益于他人，又能成全自我。
写作就是照亮我们内心世界的光，它带领我们梳理自己，寻找自己，发现自己，最终成为更好的自己。
我心光明故我在，笔底波澜气自华。

写作就是写自己，如此纯粹。

说自己的话

我要特别告诉同学们，写作文要抛弃你曾经学到的一些所谓的套路，也不要揣测阅卷者的心思，更不要去想作文最终会得多少分。因为这些念头会干扰你的写作，想获得高分的目的就难以实现。

生活的真相往往是这样的，你想要得到什么往往却得不到什么。所谓有心栽花花不开，无心插柳柳成荫。声东往往能击西。

我们要把写作的目的从外在的各种复杂的意念中解脱出来，变复杂为纯粹，真诚地面对自己，表达自己内心想表达又能表达的东西，以舍我其谁的勇气，大胆地表达自己的看法，淋漓尽致地展现独特的自我。

大象独行，笔立天地，指点江山，激扬文字。

阅卷者自会为你而倾心，作文的分数也自然会上去的。

因为我觉得，有什么样的观念就有什么的结果。在写作文时，你必须问自己：我为什么写作？不是为了分数，也不是为了迎合什么人，就是为了表达自我，就是为了通过写作，让那个独特的你站在阅卷者面前，傲视群雄。

诚恳的写作，既有益于他人，又能成全自我。
写作就是照亮我们内心世界的光，它带领我们梳理自己，寻找自己，发现自己，最终成为更好的自己。
我心光明故我在，笔底波澜气自华。

西汉的司马迁说自己写《史记》是"究天人之际，通古今之变，成一家之言"，这个"一家之言"，就是自己的话，就是写自己。

清代的李渔主张写作就是抒发自己的内心感受。他说：我写作品，是我内心里头，有一种生命欲求生发出来，要表达，所以我才写。即有感而发，有思而发，有所触动而发，既不是亦步亦趋地模仿别人，也不是依样画葫芦那样模仿现实。李渔认为，如果要是仅仅模仿，照葫芦画瓢，就把自己的个性泯灭了。

胡适先生在新文化运动的重要文章《文学改良刍议》中提出了写作文的四条建议：

1. 要有话说，方才说话。

2. 有什么话，说什么话；话怎么说，就怎么说。

3. 要说我自己的话，别说别人的话。

4. 是什么时代的人，说什么时代的话。

胡适先生的这四条，可以作为写作的四项基本原则。我们有些学生作文，不知在哪里学来的那一套，随意地堆砌词语，貌似很有文采，实则空洞无物，不知所云。

诚恳的写作，既有益于他人，又能成全自我。

写作就是照亮我们内心世界的光，它带领我们梳理自己，寻找自己，发现自己，最终成为更好的自己。

我心光明故我在，笔底波澜气自华。

你看，白居易写诗要读给小孩子和老太太听，要让他们听懂，他们若听不懂，就要再改。民国时期的教育大家叶圣陶先生主张写完文章后，可以自己试念试听，看像话不像话，不像话，一定要改。叶圣陶先生就是这样严格要求自己的，所以他所作的文章中都有自己的写话风格，平易自然，鲜明简洁，细致恳切。念，顺口，听，悦耳，光是像话还不够，就应该是话。

啊，这个表达好有趣，叶先生围绕"话"这个字，讲了三层意思：

第一，文章好不好，要看像话不像话；

第二，如果不像话，就不好；

第三，像话还不够，就应该是话。写文章就应该是说话。

写作就是说话，说自己的话。

什么样的话才是自己的话

同学们可能会问：什么样的话才是自己的话，能举个例子吗？

我想说，话可能是因人而异的，但一定是有自己的个性与风格。我在《南方周末》上读到作家阎连科先生的一段小文，特别有趣。题目是"关于我不能低头的一点说明"：

诚恳的写作，既有益于他人，又能成全自我。

写作就是照亮我们内心世界的光，它带领我们梳理自己，寻找自己，发现自己，最终成为更好的自己。

我心光明故我在，笔底波澜气自华。

少年时，贪图便宜，渴望捡样东西，总爱低头走路。小学、中学，直到当兵，都爱走在路边，左顾右盼，贼眉鼠眼地瞅瞅看看。也确实不断捡到铅笔、橡擦、一分二分的硬币。有时候能捡到五角或者二元一元。捡钱从来没有捡到五元以上，命薄如纸，回忆起来觉得辛苦至极，却又收获甚微。值不得。真的值不得！到了当兵之后，有了思考，觉得没有财富之命，那就改道仕途去吧。渴望提干，渴望当官，就像渴望萍水相逢一个好的姑娘。而在军营，乃至社会全国，机关机构，真想当官，是要谦虚谨慎，言辞虚虚，见了上级，不说毕恭哈腰，也该点头低头。因为渴念官途，拜着权力，也就和千人万人一样，见了长者点头，遇了上级低头，加之长期伏案写作，也是朝文字、文学跪拜磕头，这点着低着，就有了腰病颈病，日日渐深，终于腰间再也不能负力直硬，不能灵动弯转，人走人立，如一杆直棒一样，使那腰椎间盘突出的长期病症，已经伴我二十几年；颈椎骨质增生，也已二十余年，时轻时重，疗无显效，就每天在脖子箍一颈托，使它不得随意扭转，顾左看右，更是不能丝毫低头写作，不能低头说话，哪怕见了厅长局长、文豪权贵，稍一低头，就会晕眩转向，想要跌倒。也就诚恳的写作，既有益于他人，又能成全自我。

写作就是照亮我们内心世界的光，它带领我们梳理自己，寻找自己，发现自己，最终成为更好的自己。

我心光明故我在，笔底波澜气自华。

在这二十几年，永远都要直腰说话，抬头走路，连写作也不能丝毫弯腰勾颈。

这段文字真是让我拍案叫绝啊！

它其实想表达是自己不愿向权贵低头的骨气。可是却不慌不忙地叙述了自己小时爱低头走路，长大后也毕恭哈腰，点头低头，后来又长期伏案写作，最终导致腰椎间盘突出，颈椎骨质增生，再也低不下头了，只好直腰说话，抬头走路。你看，像不像我们平时聊天讲话的语言啊，太像了。但是这样的话又不是口水话，而是话中有话。

怎样说自己的话

比如演讲，我们见到太多激情澎湃但言不由衷的演讲，感觉虚假而不走心。

人教版语文八年级下册第四单元收录了王选的《我一生中的重要抉择》，这篇演讲放弃了激情，而是真诚述说，像聊家常，亲切自然，引人发笑又发人深省。那么这样的演讲是如何做到的呢？

通过梳理分析，王选至少用了以下三个方法：

一是自我解嘲法。

诚恳的写作，既有益于他人，又能成全自我。

写作就是照亮我们内心世界的光，它带领我们梳理自己，寻找自己，发现自己，最终成为更好的自己。

我心光明故我在，笔底波澜气自华。

好的演讲可以把匕首和投枪面对自己，无情地解剖自己，自我解嘲。通过自嘲，来达到阐述自己观点的目的。如：

可是我已经脱离第一线，高峰过去了，不干什么事情，已经堕落到了靠卖狗皮膏药为生的时候（笑声，掌声），却说我是权威。现在为了方正有些需要，事业需要，有时候就去卖狗皮膏药，做点招摇撞骗的事情。（笑声）

你看，作者把自己为了方正公司产品做宣传说成是"卖狗皮膏药"，说自己做的是"招摇撞骗的事情"，说自己已经脱离一线，不再是什么权威。一个做出重要贡献的堂堂计算机专家，却如此无情地解剖自己，在大庭广众之下，一针见血地批评自己，实在让人钦佩。听众自会为他自嘲的勇气而笑，而这笑的背后，是观众对演讲者的胸襟与气度的赞叹与佩服。

实际上，在演讲中，嘲笑自己远比嘲笑别人要好。因为嘲笑自己是自省，嘲笑别人就未免刻薄了。

二是新鲜表达法。

有时候，同样的意思，用不同的方式表达，就会收到不一样的效果。新鲜的表达往往给人耳目一新之感。比如下面这句：

诚恳的写作，既有益于他人，又能成全自我。
写作就是照亮我们内心世界的光，它带领我们梳理自己，寻找自己，发现自己，最终成为更好的自己。
我心光明故我在，笔底波澜气自华。

我觉得人们把我看成权威的错误在什么地方呢，是把时态给弄错了，明明是一个过去时态，大家误以为是现在时态，甚至以为是能主导将来方向的一个将来时态。（笑声）

这句其实就是讲人们把王选看成权威的错误在于停留在以前的认识上，以为过去的权威便是永远的权威。但是作者却变了一种表达，用英语中的时态来阐述这个道理，权威是过去时态，可人们却将其变成了现在时态，甚至将来时态。这样一表达，既清晰而形象，又新鲜而有趣。听者自会会心而笑。

有时候，重要的不在于我们说了什么，而在于我们是怎么说的。真的。

三是回到常识法。

梁文道先生在《常识》一书中说："本书所集，卑之无甚高论，多为常识而已。若觉可怪，是因为此乃一个常识稀缺的时代。"（梁文道.常识[M].桂林：广西师范大学出版社，2009.）的确，日常生活中，我们常常被外界的东西裹挟，而忽略了常识本身。我们听了太多的大话、套话与空话，当我们听到接地气的、回到常识的话时，就会心情愉悦。比如下面这段：

诚恳的写作，既有益于他人，又能成全自我。

写作就是照亮我们内心世界的光，它带领我们梳理自己，寻找自己，发现自己，最终成为更好的自己。

我心光明故我在，笔底波澜气自华。

名人和凡人差别在什么地方呢？名人用过的东西，就是文物了，凡人用过的就是废物；名人做一点错事，写起来叫名人逸事，凡人呢，就是犯傻；名人强词夺理，叫作雄辩，凡人就是狡辩了；名人打扮得不修边幅，叫真有艺术家的气质，凡人呢，就是流里流气的；名人喝酒，叫豪饮，凡人就叫贪杯；名人老了，称呼变成王老，凡人就叫老王。（笑声、掌声不断）

这段话，回到常识，让人一听就明白，这种对比，惹人发笑，但仔细一想，又的确是那么回事。他用生活化的语言说出了生活的真相，收到了四两拨千斤的"笑"果。

实际上，当我们从根本上认识到写作就是说话时，就会克服写作的畏难情绪，自然而然地说出自己想说的话。

学长示范

下面我给大家看看我的两个学生的文章，这两个学生是属于在传统意义上语文成绩相对靠后者，也许正是因此，他们在写作上也较少受到一些条条框框的限制，完全是我口说我话，我手写我心。然而，这种朴素的表达却弥足珍贵，我个人非常喜欢。

诚恳的写作，既有益于他人，又能成全自我。

写作就是照亮我们内心世界的光，它带领我们梳理自己，寻找自己，发现自己，最终成为更好的自己。

我心光明故我在，笔底波澜气自华。

第一篇是林同学写的：

回望 2020，有一个声音在苍穹中回荡，那就是"崛起"。

在过去一年里，我最显著的特征就是进步。

2 月 3 日，开始线上学习，我毅然改过自新，严惩身上的懒惰细胞。在此期间，我不仅按时完成了老师布置的作业，还完成了相应的课外辅导资料。经过两个多月的艰苦学习，我拔地而起，学习成绩从第 102 名冲上了第 52 名。这个成绩把我自己都吓了一跳：我怎么这么优秀？

返校之后，我开始懒散，不适应、跟不上、紧张等毛病又显现了出来。在一次阶段检测中竟掉到第 83 名，我感到历史会再度上演。

但一次检测并没有击垮我的意志，我迅速把自己的状态调整好，尽力扭转衰败的局势，到了期末，虽没有实现"伟大复兴"，但也让我的成绩稳定在一个可接受的范围内。

到了暑假，我在预习科学时发现，八年级科学不比七年级，读读背背已没多少作用，要理解。这无疑给了我极大的信心。我把暑假作业认真完成，错题诚恳的写作，既有益于他人，又能成全自我。
写作就是照亮我们内心世界的光，它带领我们梳理自己，寻找自己，发现自己，最终成为更好的自己。
我心光明故我在，笔底波澜气自华。

一道一道搞懂。我相信，有志者，事竟成，破釜沉舟，百二雄关终属楚。只要努力，万事皆可成。果不其然，九月开学后的几次考试，我都稳居年级前二十。我同桌是个学霸，可是与我比科学，她依旧不堪一击。

可是，幸福的时光总是那么短暂。年末我的科学成绩出现下滑。原因很简单，期中考试时，我科学成绩全班第三，这就让我有一个误解：上课对我毫无意义。我在科学课上看课外书，从科学晚自习时段扣时间来学英语。唉，自信到不能自省，也并不是什么好事，反而成了我退后的根源。

不过，放眼未来，有一盏心灯在时光中守望，我依然有信心。

林同学的文章真的打动了我，也得到同学们由衷的喜欢。因为，在内容上，他讲的是实在话，是自己的真实的生活经历和内心想法；在形式上，他讲得特别真诚，而且综合运用了"自我解嘲"等方法。在那个阴雨绵绵的日子里，林同学的浩然之气，让我们顿时阳光灿烂了起来。

2017 年，为激发同学阅读的兴趣，我们在学校里进行了一项读书行为实验，名字叫"带一本书回家"。这个实验就是要求诚恳的写作，既有益于他人，又能成全自我。

写作就是照亮我们内心世界的光，它带领我们梳理自己，寻找自己，发现自己，最终成为更好的自己。

我心光明故我在，笔底波澜气自华。

学生每周五要到图书馆借一本书回家，在一段时间后，要求学生把这段经历写下来。大部分同学都写了自己读书的感受。其中一篇却与众不同，引起了我的注意，所以至今还记得：

如果要让我带一本书回家，我会选择带一本空白并且厚一些的本子，但是有些人可能会带一本自己喜欢的书，已经有了字的书。

难道我带一本空的书就不行吗？难道一本空的书就不能叫作书吗？但是你不要忘了，别人带回家的书已是固定的一本书了，我带回家的这一本书，可以变成任何一本书，它也许会成为我生命中最有意义的一本书，一本真正的书，一本真正属于我的书。

我们可以在空白的书上画画，这本书就变成了图绘书；如果拿来纠错题，这就会成为一本错题书；就算你只拿来练字，也可以成为一本练字本，可以看出自己的字有什么进步或退步。

还可以每天在这上面写一篇文章，一年后就成了一部长篇小说，有机会的话还可以去发表呢，说不定哪天你的书就能出版了。而这本出版了的书，就是由你带回家的空白书上写出来的，就算没成功出版也没关系，起码你努力过了，这本书也可以是你作文的诚恳的写作，既有益于他人，又能成全自我。
写作就是照亮我们内心世界的光，它带领我们梳理自己，寻找自己，发现自己，最终成为更好的自己。
我心光明故我在，笔底波澜气自华。

一个存放处，有空时打开看看，看看以前自己有哪里写得不好，可以进行修改，说不定下次你就成功出版了呢。这样，原本的一本空书就变成了全国都知道的书了。

所以不要以为一本有字的本子就是一本书，也许这本本子毫无意义，也不要认为一本空白的本子就是一本空的本子，你要记住，说不定它未来就是你最喜爱、觉得最有意义、最不会让你忘记的一本书。

也许在以后，你长大了去工作了，在那段创业的艰苦岁月里，拿出那一本原来空的本子，打开它，上面写满了以前写的东西，也许你会认为以前写得十分不好，很幼稚，很单调无趣，但是你依然会觉得十分感动，这种心情会在你的心中流淌。这本书写着我少年的悲伤与欢笑，只有我能读懂它真正的含义，因为我是这本书的作者。

这就是我要带一本空白的本子回家的原因。

你看，小汪同学的文字虽然有些"皱皱巴巴"，语言表达也一是一，二是二，没有华丽的辞藻，但说的都是自己真实状态，让人读来特别受触动。如果你仔细琢磨他的文字，有些话还是有穿越时空的真知灼见的。

诚恳的写作，既有益于他人，又能成全自我。
写作就是照亮我们内心世界的光，它带领我们梳理自己，寻找自己，发现自己，最终成为更好的自己。
我心光明故我在，笔底波澜气自华。

在出版物琳琅满目的今天，再看小汪的"不要以为一本有字的本子就是一本书，也许这本本子毫无意义"这句话，感觉还是蛮有道理的。

所以在写这本书时，我不断地推敲和修正，格外小心和谨慎，希望它不要沦为毫无意义的本子。

31　如梦令·那些说梦话的孩子

有一次，我们进行了一次以"梦"为话题的写作活动，想让同学们说说梦话。

那个喜欢研究灵异事件的小吴同学写下《人生如梦》：

> 每次醒来，我内心总会有些落寞，有一种现实与虚幻交错过的空虚，而这种方式很快便会被其他东西所填补，也许是电子产品，也许是一本书，它们将我拉回现实中。
>
> 从七岁第一次荡秋千开始，我盯着漆黑一片的夜空，突然就有了一种荒诞的想法：这个世界存在吗？除了我之外的其他人存在吗？
>
> 直到今天，我也不知道这个问题的答案，而且也没有人能帮我解决这个问题。

诚恳的写作，既有益于他人，又能成全自我。

写作就是照亮我们内心世界的光，它带领我们梳理自己，寻找自己，发现自己，最终成为更好的自己。

我心光明故我在，笔底波澜气自华。

　　我所接触到的一切都是主观的，对于这个世界的概念以及感知，都是由我自己的五官以及记忆构成的，而这些东西，从理论上来说，都有可能是虚构的。

　　因此，哪怕是时间，也有可能是一个不存在的概念。我无法确定上一秒的我是否存在，因为那只存在于我的记忆当中。

　　唯一让我确信是真实的，就是我此时此刻这一瞬间的思想。

　　这种想法曾让我自己觉得我会与众不同，因为相比于飘忽不定的他人，我至少会有那么一瞬间的真实，这让我有一种自欺欺人的优越感。

　　人生就像一场梦境，除了你自己，里面的一切都有可能如泡沫碎影般消失。

　　我曾经一直在担心这个梦境的破碎，又有些期待新梦境的到来，同时又会纠结这到底是不是梦境。

　　但在由我认知所构成的世界里，我想这些似乎没什么意义，我以前总爱瞎想，但是现在我还是更应该"现实"些。

　　这种现实并不是指对这世界只有表面认知而无脑遵循规律，这种现实只是活在当下，但又对随时有可诚恳的写作，既有益于他人，又能成全自我。

写作就是照亮我们内心世界的光，它带领我们梳理自己，寻找自己，发现自己，最终成为更好的自己。

我心光明故我在，笔底波澜气自华。

能发生变化的人生做好准备。

人生是不是梦其实并不重要。

小吴同学的文字一如他的人，充满了思辨的气质。从"人生如梦"一路写到"人生是不是梦其实并不重要"，关键要把握住此刻。他的认识在深入，思维在进阶。喜欢阅读的小蒋同学写的是《梦醒之后》：

梦是人入睡之后，自然而然的产物。但是关于它的成因、来源、代表的意义，仍然众说纷纭。

古代，梦被视作上天的预兆，人们要根据这些预兆行事。同时，人们还认为已经死去的亲人，会通过托梦的方式来与活人再度相会。在其他的民族文化里，也有人认为梦是另一个世界——上帝所在的地方，诸如此类。但是随着时间的推移，这些说法逐渐被人怀疑。

近代，心理学家与哲学家认为，梦是人潜意识的体现，能够显示该人的被压抑的想法和人格特征等等。他们认为，梦是需要被解读的，这点与古代的解梦不谋而合。在《苏菲的世界》里就举过这样一个例子：一个年轻人梦见表妹递给他两个红色的气球。从诚恳的写作，既有益于他人，又能成全自我。

写作就是照亮我们内心世界的光，它带领我们梳理自己，寻找自己，发现自己，最终成为更好的自己。

我心光明故我在，笔底波澜气自华。

浅层次来说，可能是他在一些地方看到过红气球。但从深层次来说，人们认为，他渴望表妹的胸部。由于对近亲的性冲动被社会所不齿，所以他只能在梦中，以隐晦的方式，表达这些愿望。

这样解梦的方式可能有些许牵强，但毋庸置疑的是，梦的确能反映人一些强烈的、深层次的想法。PTSD（创伤后应激障碍）患者常常梦见他们遇险时的场景，然后惊醒，这无疑是深层次的对危险的恐惧和警惕。袁隆平先生梦见水稻长得有高粱那么高，穗子像扫把那么长，颗粒像花生那么大，他自己坐在稻子下乘凉，这正是他没日没夜操劳研究水稻改良，想让人们吃饱饭的强烈愿望的体现。

在生活中，我也曾常常做梦。在那些日子里，我梦见那些嘴脸虚伪、我讨厌的人，梦见那些不理解我的人，都是我想避开的。后来我梦见过我的梦想，一些美好的乌托邦，我在梦里寻找亲情、友情，甚至春梦里的爱情。但无论如何，梦醒之后，就是重新出发的时候。我会思考梦里的暗示，但我不会陷入梦的温柔乡不可自拔。

梦醒之后，带着"另一个你"一夜的所思所想，请继续完成你未竟的事业。

诚恳的写作，既有益于他人，又能成全自我。

写作就是照亮我们内心世界的光，它带领我们梳理自己，寻找自己，发现自己，最终成为更好的自己。

我心光明故我在，笔底波澜气自华。

小蒋同学由古代写到近代直至当下的现实生活，有一条十分明确的时间线，读来特别清晰。所以，写作里贯穿全文的这条线非常重要。当然这不只是时间线，根据不同的内容，我们可以安排相应的"线"，在学理上这叫文章的结构。好的结构，往往能让文章别具一格，出类拔萃。

如果按照考试的评价标准来看，以上两位同学的文字可能会有这样那样的不足，甚至有的还可能被作为问题卷处理。

但我看作文，主要是带着欣赏的眼光去看，而不是评判的眼光。只要有一点触动了我，无论是结构、内容、细节还是想法，我就会毫不吝啬地给出高分。早年中考改卷，我一天会打十多个满分作文，尽管别的老师可能一个满分作文都打不出来。

这两位男生写"梦"的文字，让我回想起一位女生与梦的故事。

为了激发学生的阅读热情，开拓学生的视野，滋养学生的心灵，我曾在学校策划开发过校本课程——"良言讲坛"，为学生搭建展示才华的舞台和交流思想的平台。"良言讲坛"每学期至少进行两次，活动形式是学生讲给学生听，听众包括学生、老师和家长，每次听众不少于 200 人。内容涉及文学、美学和哲学等多个领域。每学期开始，学生自愿申报，我再组织老师对申报的内容进行评议，然后确定讲座候选人，随后指定相关诚恳的写作，既有益于他人，又能成全自我。

写作就是照亮我们内心世界的光，它带领我们梳理自己，寻找自己，发现自己，最终成为更好的自己。

我心光明故我在，笔底波澜气自华。

老师对候选人进行精心指导，从内容、形式、服装、手势、声调等方面全面培训，力争让讲者惊艳出场，听者欣然有获。

其中的一场讲座至今历历在目。

那天，一位身着公主服的女孩怡君走上了讲坛，为大家讲"女孩的公主梦"。只见她不疾不徐，娓娓道来：

有一种女孩子，她们天性敏感，可以前一秒哭，后一秒笑；有一种女孩子，她们假装坚强，白天可以很乐观，一副没心没肺的模样，可夜晚，她们会一个人偷偷地躲在被窝里撕心裂肺地哭；有一种女孩，她们在陌生人面前很安静，在熟人面前很放肆，很疯癫，面对不熟悉的人，她们只会很客气很礼貌。

她们也许会偶尔脱口而出地骂你，但是，这并不是她们的恶意。她们只是单纯地相信你不会生气。她们会和好姐妹一起打闹，她们有自己的骄傲。这种女孩子偶尔也会有点小情绪。朋友问她们怎么了，她们只会笑着说没事。其实她们只是累了，只是需要一个拥抱。一个无声的拥抱，对于她们来说已经是千言万语了。

这种女孩子，时而大笑，时而落泪；时而善良，时而邪恶；时而快乐，时而忧伤；时而坚强，时而脆诚恳的写作，既有益于他人，又能成全自我。
写作就是照亮我们内心世界的光，它带领我们梳理自己，寻找自己，发现自己，最终成为更好的自己。
我心光明故我在，笔底波澜气自华。

弱。你们也许会认为这种女孩子是疯子，是傻子。但是，她们只是想像刺猬般保护好自己，做她们认为对的事。

　　我就是这种女孩。

　　怡君由自己讲到《白雪公主》，再讲到为遵守7岁女儿成为一名真正公主的承诺，美国弗吉尼亚的一位父亲希顿长途跋涉来到遥远的沙漠地区，宣称对一片土地拥有主权的故事。希顿说：我这样做的主要目的是让我的女儿看到她的父亲会遵守许下的承诺。我认为这个世界充满着爱。我希望我的孩子明白，为了他们，我可以做任何事。希顿的故事深深打动了每一位学生的心。

　　讲座后，怡君对这场讲座进行了复盘：

　　2015年3月24日，我将永远记住它，15年前的3月24日，嘹亮的哭声打破了午夜的宁静，15年后的3月24日，注定不平凡。这一切就像是安排好的一样。这么巧。前几次的"良言"讲坛我都是坐在观众席上看他们讲，而这次我是以一名演讲者的身份在上面讲。有些人一生都不会开一场讲座，而我在初中的时候就开了讲座。这是件多么有意义且值得纪念诚恳的写作,既有益于他人,又能成全自我。

写作就是照亮我们内心世界的光,它带领我们梳理自己,寻找自己,发现自己,最终成为更好的自己。

我心光明故我在,笔底波澜气自华。

的事。

那天,老师发了一张问卷,最后一个问题是:假如你开"良言讲坛"讲座你想讲什么?我脑中突然出现了公主,好,就把"女孩的公主梦"写了上去。

没想到,老师竟同意我来讲这个话题!

写稿,PPT,图片,音乐,一步接着一步,一次一次的 pass。该来的迟早会来,到了演讲的这天,来了好多的老师和同学,我的心一下子又提到嗓子眼里了。老师看我很紧张,就走上来摸摸我的头,鼓励我说:没关系,别紧张,老师相信你是最好的,加油,你一定会成功。听了老师的一番话后,我真的不紧张了,而是把紧张化为了勇气。

我做着我的公主梦,在梦中有王子、有城堡、有鲜花……然而随着时光的推移,随着心智的成熟、随着阅历的增加,很多人都把心中这个公主梦藏起来,让它沉睡在心灵的深处。然而总有这样一群纯真、执着的女孩,她们始终心怀公主梦,就像我一样。相信每个女生从小都有个公主梦,希望自己能像茜茜公主一样戴上神奇的水晶皇冠,穿上华丽的礼服与王子翩翩起舞。我一直坚信,公主注定会遇到王子,这是我梦的起点。

　　诚恳的写作，既有益于他人，又能成全自我。
　　写作就是照亮我们内心世界的光，它带领我们梳理自己，寻找自己，发现自己，最终成为更好的自己。
　　我心光明故我在，笔底波澜气自华。

　　　　讲到骑士，对我来说最重要的骑士是我的爸爸。那天爸爸也来了，他在讲座上对我说的话直戳泪点。

　　　　从小到大，我都觉得我老爸最帅。因为他的保护，我成为这个世界上最幸福的公主，虽然他没有南瓜车，没有白马，可是他有一颗真正爱我的心。

　　　　梦，总是要醒的。但我宁愿做一辈子的公主梦，让自己保持一点单纯与善良。让自己相信那些希望，那些简单，那些美好。

　　今天重温这段文字，我仍能清晰地记得怡君穿着公主裙做讲座的样子。

诚恳的写作，既有益于他人，又能成全自我。

写作就是照亮我们内心世界的光，它带领我们梳理自己，寻找自己，发现自己，最终成为更好的自己。

我心光明故我在，笔底波澜气自华。

第十二站　宋　城

32　卜算子·做一只默默成长的南瓜

聊完梦的话题，天已经晚了，我也该回家做梦了，于是起身向宋城走去。

此时的梅家坞完全安静了下来，月亮在头顶灿然绽放，温柔的月光散落在青绿的茶叶上，像星星一样闪亮。茶叶的清香丝丝缕缕地渗进我们的每一寸肌肤。

万物静默如谜。

我边走边想起在塘栖三中上过的一堂作文课。

塘栖古镇坐落于京杭大运河畔，是明清时期江南十大古镇之首。当年，丰子恺先生从家乡十门湾到杭州就喜欢坐船，他沿着京杭大运河一路漂荡，凭窗闲眺两岸景色。早上吃过早饭，自十门湾从容开船，傍晚便抵达塘栖古镇。子恺先生每到塘栖，便要上岸呷一口花雕，吃一片嫩笋。塘栖枇杷是有名的，先生总是买些白沙枇杷回到船上，分些给船娘，然后自己靠在船窗口吃，真是一件快意的事。

诚恳的写作，既有益于他人，又能成全自我。

写作就是照亮我们内心世界的光，它带领我们梳理自己，寻找自己，发现自己，最终成为更好的自己。

我心光明故我在，笔底波澜气自华。

所以，到塘栖上课，真有一种像子恺先生吃嫩笋和枇杷的感觉。

这堂课从于尔克·舒比格的诗引入：

　　当世界还小的时候，洋葱、萝卜和番茄，不相信世界上有南瓜这种东西，它们认为那只是空想。

（舒比格.当世界年纪还小的时候 [M].廖云海，译，成都：四川少年儿童出版社，2006.）

通过阅读想象，同学们充分感受到南瓜的孤单无助，于是我们决定为南瓜写封信。

我们约定，信要这样写：第一，不要水货，只要干货，虚假的客套不要；第二，真诚，能与南瓜共情，以开放的心态理解南瓜的经历和需求。

写信其实就是一种思想的交流，这个"信"很有意思，从字形上看，左边是单人旁，右边是一个"言"字，意思就是说人话，不要说大话、空话、套话、鬼话。

同学们伏案 15 分钟，默默书写的场面，真是让人感动，课堂的安静多美妙呀。接下来我们开始交流。

然而，当我信心满满地叫倒数第二排那个男生分享时，他诚恳的写作，既有益于他人，又能成全自我。
写作就是照亮我们内心世界的光，它带领我们梳理自己，寻找自己，发现
自己，最终成为更好的自己。
我心光明故我在，笔底波澜气自华。

只静静地站着，不说一句话，课堂气氛非常紧张。

前排同学默默提醒我："老师，你还是换一个人吧，他上课从来不回答问题。"

我心里也想到放弃，让他坐下。但转念一想，一个上课从不回答问题的孩子，一定非常自卑，他需要支持。

我走到男生身边，拿起作文。我发现他写了很多，决定替他来分享：

"诸位，这是一篇很棒的文章。他写道：'你现在还没有长成一颗南瓜的样子，因此大家都不相信你的存在，认为你只是空想，但是，我却不这样认为。'注意，他用了一个'我'（板书'我'字），这就是说人话，说自己的话。'成长是一个过程'，这句话说得多好，我们很多人没有这样的体会，总认为成长就是迅速地摘得果实，而忽略了沿途的风景。'相信你一定能长大，证明你真实存在。我相信你，南瓜。站在一个朋友的立场或者一个陌生人的立场，我都想告诉你——慢慢成长，静静灿烂。'这么好的文章，他不是不愿意和大家分享，他是没底，'这样的文章算文章吗？'杨老师觉得，这样的文章当然是很棒的文章，因为很质朴，有见识，一针见血，直击要害。小朋友，你要相信自己，勇敢地表达自己，你就会长成一只帅帅的南瓜。"

同学们都为这位默默成长的男生鼓掌。

诚恳的写作，既有益于他人，又能成全自我。
写作就是照亮我们内心世界的光，它带领我们梳理自己，寻找自己，发现自己，最终成为更好的自己。
我心光明故我在，笔底波澜气自华。

接着，一位女生举起手来，主动分享她写给南瓜的信：

南瓜，你好！听说了你的故事，特此为你写下这封信。洋葱、萝卜和番茄不相信你的存在，但是我想，你的心中很清楚，你是一只还未长成的南瓜，假以时日，你会有鲜艳金黄的外表。面对他们的嘲讽，你是否会质疑自己？即使是一点一点点，也请你不要有这样的想法，你本是南瓜，何必因他人的嘲笑而质疑自己？你唯一要做的一件事就是——成长，乐观地努力地顽强地成长。你会让他们震撼，让他们赞叹。亲爱的南瓜，最后，我想问你：你还怕他们的嘲笑吗？你还会因他们不相信你而质疑自己吗？请挺起胸膛大声地回答我：我不怕。请昂起头颅自豪地告诉我：我要成长。致此，祝你好运，2015 年 4 月 18 日。

小姑娘的信赢得了同学们长时间的掌声，而且她在信里提到了"成长"这个词，与原诗的结局完全一致：

当世界还小的时候，洋葱、萝卜和番茄，不相信世界上有南瓜这种东西，它们认为那只是空想。南瓜默默不说话，它只是继续成长。

诚恳的写作，既有益于他人，又能成全自我。

写作就是照亮我们内心世界的光，它带领我们梳理自己，寻找自己，发现自己，最终成为更好的自己。

我心光明故我在，笔底波澜气自华。

（舒比格.当世界年纪还小的时候 [M].廖云海，译，成都：四川少年儿童出版社，2006.）

这一堂课，本来只是想用一个材料来进行书信写作训练，不承想在这个班级里遇到了真正的"南瓜"，还好我走近了这位男生并鼓励了他，相信今天的课对他很有帮助。当这位女生读完自己的信后，这个从来不发言的男生站起来评价这位女生的信："非常感动！"

记得在结课时，我说：

"在今天的时代里边，我们看到了太多的喧嚣与烦躁，其实'沉默是金'也是一种值得追怀的古典意境。每当夜晚来临，有谁还肯手捧书卷、静静踏上精神漫游的旅程？有谁对某音上瓦砾似的话语充耳不闻，只让灵魂在沉思默想中寻找光明？有谁还能在这个喧嚣的时代里，做一只默默成长的南瓜？最后，请以'做一只默默成长的南瓜'为题，写一篇作文，至于时间，我希望用你们这一生来书写！"

其实，每个人的内心，都是一张平整的白纸，渴望写下爱与鼓励的字迹，随口的调侃或讽刺，都可能对人造成无法弥补的伤害，即使道歉了，褶皱的纸团也永远变不回原来的样子。我永远记得观成实验学校李洁校长给孩子们讲解完《老王》一文诚恳的写作，既有益于他人，又能成全自我。
写作就是照亮我们内心世界的光，它带领我们梳理自己，寻找自己，发现自己，最终成为更好的自己。
我心光明故我在，笔底波澜气自华。

后一个学生给她的留言："我沉浸在被你猛夸、被你的手搭在肩上的欢喜。"

33 归去来•纸短情长

对弱小者的态度，是检验一个人、一个集体，甚至一个国家文明的标尺。我在学校里曾做过这样一个写作实验，就是让八年级的孩子用书信的形式诉说自己学习或生活里的烦恼，然后让高中部的孩子给他们回信。没想到，两个年级的同学对这个写作项目非常感兴趣，产生了很多有趣的交流。下面我就选几封信给大家看看。

我不知道自己到底喜欢什么

亲爱的学长 / 学姐，

　　我最近一直有一个疑惑——如何寻找自己梦想？我的成绩还不错，在班级算是第一第二。可我一直不知道自己到底喜欢什么。我的导师也问过我：以后想做什么？我曾经想过，成为一名科学家，但随着时间增长，我逐渐发现这并不可能。我变得越来越丧气，虽然每天都还过得不错，学习也还是很好……

优秀而迷茫的人

诚恳的写作，既有益于他人，又能成全自我。

写作就是照亮我们内心世界的光，它带领我们梳理自己，寻找自己，发现自己，最终成为更好的自己。

我心光明故我在，笔底波澜气自华。

优秀而迷茫的人：

你好！

不知道你是否曾见过这个经典的哲学问题：人生的终极意义是什么？

人生只是刹那间短暂的存在，当你没来到这个世界之前，过去是无限的可以往前追溯的；当你走了之后，世界还可以向未来无限延伸，我们为何存在？解答的第一步：它不可能是一些世俗关怀，也就是一些无常之物，比如金钱、权力等。之后的解答就需要你自己去寻找啦！

拓宽自己的眼界。当人们只吃过鸡肉和牛肉的时候，他们可能更喜欢牛肉，也可能是因为他们还不知道三文鱼。也许当他们尝过三文鱼后，比起牛肉会更喜欢三文鱼的味道。

在我们还小的时候，故事书告诉我们，警察很英勇，医生很善良，科学家很神奇……不瞒你说，小时候我还一脸认真地扬言说自己要当总统呢。现在慢慢了解到，有研究健康的营养师，有试吃各地美食的美食评论家，也有听穿林打叶声的道士，等等。

随着接触事物的增多，我们会与一些未曾相遇的人和事谋面，慢慢积累阅历。到那时，也许你就会知诚恳的写作，既有益于他人，又能成全自我。

写作就是照亮我们内心世界的光，它带领我们梳理自己，寻找自己，发现自己，最终成为更好的自己。

我心光明故我在，笔底波澜气自华。

道，如何实现自我价值。这不是一蹴而就的，也许到生命的最后一刻，你还会修改这个答案。对于人生意义的解答，没有人能给出完全相同的答案。推荐你去喜马拉雅听王德峰教授的《中西思想必修课》，了解中西方哲学家们几千年来对人的思考，再进一步思考人生的意义问题，或许会得到进一步的答案。

不优秀但清醒的人

亲爱的学长学姐：

我是一名初二的学生，有一个问题一直困扰着我：我的成绩不错，还爱打游戏。碰巧，我知道了有一种行业叫"电竞"（其实就是打游戏啦）。稍作了解，我就被这个行业吸引到了，因为它不仅轻松，而且年薪高。

据说，他们每天训练好几个小时。我想要去电竞比赛的职业赛场上，见识一下真正的比赛。可是，我的父亲却不赞同我的意见，他用各种方法来鄙视这个职业，劝我放弃。对于这个职业，我有 10% 的好奇，80% 的兴趣，剩下是因为工资啦……虽然我也有别的想做的职业，可我依旧不想放弃这个目标。我该如何选择呢？

神秘大帅哥

诚恳的写作，既有益于他人，又能成全自我。

写作就是照亮我们内心世界的光，它带领我们梳理自己，寻找自己，发现自己，最终成为更好的自己。

我心光明故我在，笔底波澜气自华。

电竞能成为我的职业吗

亲爱的神秘大帅哥（名字很幽默）：

你好！

希望我下面的建议能帮助到你。

你也许真的很喜欢打游戏，但可能你没有了解电竞行业。其实，电竞并不简单。虽然工资高，但只是"看起来"简单。这个职业每天都要练习 10 小时以上，或许，你现在想每天能打游戏打 10 个小时，那多爽啊！但你再想想，每天都要打游戏，一直打一直打，真的不会腻吗？

加入了电竞行业，你想停下练习都很难。你的父亲不赞同你的意见，可能是因为觉得电竞这个职业不"正经"，但鄙视这个职业，这样也是不对的。

你对电竞，10% 是因为对这个职业好奇，或许对其并没有完全的了解，80% 是因为兴趣。我觉得，有这么高昂的兴趣是好的，毕竟很多工作，都是要有兴趣，才会做得开心。还有 10% 是因为工资，确实啊确实，工资也确实高，其实我之前也想过电竞，可是后来因为游戏打得太菜了，就放弃了。

哎呦，父母的话，也很重要啦！如果真的很喜欢这个职业，你就应该和父母好好商量，让他们和你一诚恳的写作，既有益于他人，又能成全自我。
写作就是照亮我们内心世界的光，它带领我们梳理自己，寻找自己，发现自己，最终成为更好的自己。
我心光明故我在，笔底波澜气自华。

起去了解电竞。如果你打游戏真的很厉害很厉害，并且很喜欢很喜欢电竞这个职业的话，或许真的可以坚持这个目标的，和你的爸爸好好谈谈喽。

电竞已经从那个人人谈之色变的"毒瘤"，一跃成为被国家承认并受到扶持的行业。学电竞，最好是能在专业的学校进行训练，电竞职业训练营就挺不错的，他们与多家电竞俱乐部达成合作，建立电竞职业选手的人才体系，助力有梦想的青年人实现自我价值。还有，现在还不允许未成年人参加电竞比赛，快快长大喽！

电竞也要一些学历要求的，你也要努力学习。成绩提高了，或许爸爸对你、对电竞行业的看法也会改变。反正加油努力，为了电竞！（不好意思，有点搞笑），祝你中考顺利！

慧哥

我可以清楚地感受到我很失败

学长：

你好！

我是一名初二的学生，我的成绩很差，不是谦虚，是真差。我在全年级稳定倒数，我总是感觉在上诚恳的写作，既有益于他人，又能成全自我。

写作就是照亮我们内心世界的光，它带领我们梳理自己，寻找自己，发现自己，最终成为更好的自己。

我心光明故我在，笔底波澜气自华。

课的时候什么也听不懂，一天只想着快点下课。

我只有语文和历史可以及格。理科方面，我在小学六年级的时候就感觉压力很大，多次不及格。一回家我就想玩游戏，躺在沙发上啥也不干，有时候玩到眼睛花，甚至感到厌烦。

我可以清楚地感受到我很失败，在班里没有社交，长得又矮又胖。体育也是一言难尽。我也想过改变，但就是没有勇气迈出那一步。

我希望我可以在数学或是科学这些学科中至少能听懂些什么，你有什么好的方法吗？

主要还有一点，天天不交作业，让我与老师的关系也变得剑拔弩张了，要怎么去更好地沟通？我很困惑。我还想知道怎么交朋友和如何改变我在他人心中的形象。

你能帮帮我吗？谢谢！

困惑很多的失败小孩

困惑很多的小孩：

你好！

很高兴收到你的信。你认为自己是一个失败的人，对吗？

诚恳的写作，既有益于他人，又能成全自我。

写作就是照亮我们内心世界的光，它带领我们梳理自己，寻找自己，发现自己，最终成为更好的自己。

我心光明故我在，笔底波澜气自华。

完全不对。

可不要忘了，你才14岁，人生才刚刚开始，没有什么不能改变的。你对自己的认知，完全建立在过度自卑的基础上，你对自己的评价完全是负面的，实际上，你远没有自己想象的那么失败，只要你善于发现，肯定能找到自己身上的优点。当然，这些都不是重点，我将为你制定一个计划，一个能彻底改变你的计划，一个能让你逆风翻盘的计划。

首先，你说你成绩差，全年级倒数，上课听不懂……作为过来人，我想告诉你：只拿成绩评价一个人实在太过肤浅。证明自己能力的方式有很多种，成绩只是其中之一。成绩只是为了应付升学的一个冰冷的数字，它不能为你带来任何能力上的提升，等你长大之后，没有人会在乎你初中时数学考了多少分。现代青少年如此在意成绩和排名，正是刷题式教育失败的最好体现。当然，我的意思不是摆烂，你可以尝试听一听你感兴趣的学科，说不定就能因此开窍而学好了呢。

其次，你说你回家就玩游戏，躺在沙发上啥也不干……首先，玩游戏并没有错，英国科学家调查显示，适当玩游戏可以提升人的反应力、逻辑思维等能力。我本人也深爱着一款游戏。但是要是全部时间都用来玩游戏，或者不干正事，确实是不太合适的。我建议你选择一个或一个以上的爱好进行培养，它可以是一门乐器，如钢琴、吉他等；也可以是一门艺术，如绘画、街舞等；也可以是体育方面的，比如足球、篮球、羽毛球、乒乓球等；也可以是编程、建模等未来容易找工作的爱好。当然，爱好也可以是你喜欢做的任何有意义的事。

再次，你说你不交作业所以和老师关系不好。确实，完成作业是一个学生该尽的义务，如果不完成，老师一定是会生气的。所以作业的质量可以不用很高，但是交还是得交的。如果遇到特殊情况，请提前向老师说明，我相信大部分老师都是善解人意的；如果遇到不会的问题，可以问老师，我相信没有老师不愿意解答学生的问题。就算你能力不够强，但当老师看到你积极向上的态度时，也一定会很开心的，你和老师的关系也会越来越好。

最后，就到了重头戏：社交。这看似简单的两个字，蕴藏着无数的秘密，也是困扰着无数青少年乃至成年人的巨大问题。

我们引入一个重要的概念：社交价值。社交价值诚恳的写作，既有益于他人，又能成全自我。
写作就是照亮我们内心世界的光，它带领我们梳理自己，寻找自己，发现自己，最终成为更好的自己。
我心光明故我在，笔底波澜气自华。

是一个复杂的词，对于学生，通俗地说，如果你不受欢迎，没有人愿意找你玩，那你的社交价值就较低；如果你很受欢迎，许多人就会主动找你玩，那你的社交价值就较高。假设你对自己的一切评价都是真实的，那很遗憾，你的社交价值较低。社交价值主要取决于两方面：个人实力和社交技巧。想要提高自己的社交价值，就要从这两方面入手，知道我为什么建议你培养爱好了吗？有一技之长，不仅能受到同学们的欣赏，还能吸引志同道合的人，这对交朋友无疑是有利的。不过仅仅有实力，还远远不够，社交技巧也十分重要。

谈完理论，来谈谈实践，以下是我为你拟定的计划。

你认为你没有朋友，我们假设它成立。基于你的低社交价值，直接跟别人说"我们交朋友吧"之类的话肯定不现实，所以要一步一步来。

首先，从提高你的实力开始。一个初中生的"实力"可能是外表、性格、学习、特长等。第一步，培养一两个爱好，最好有机会展示，比如在乐器、表演、体育方面，你可以报名学院对抗赛。

其次，是你的外表。你先要减肥，做些锻炼，养诚恳的写作，既有益于他人，又能成全自我。

写作就是照亮我们内心世界的光，它带领我们梳理自己，寻找自己，发现自己，最终成为更好的自己。

我心光明故我在，笔底波澜气自华。

成健康的饮食习惯，早睡早起，这些都可以对其产生有效帮助。你需要整洁，每天洗澡，早晚各刷一次牙，勤剪指甲，头发最好1～2天洗一次，脸部保养(比如洗脸时用洗面奶)可以避免青春痘。适当喷香水也可以提升吸引力，不过切记不要喷太浓，让人不舒适的香味只会适得其反。你还需要培养好的衣品。学校每周五是自由着装日，你可以百度搜索初中生潮流穿搭，然后模仿着来，看到班里谁穿得好看也可以模仿一下。周一至周四只能穿校服，但是校服也可以穿得好看，比如尽量避免裤子上衣同色等。在性格方面，你的个子比较矮，所以你可以尝试做个可爱的人，这类人是最受人宠爱和喜欢的，因为他／她们的内心往往很纯净，可以激起别人的保护欲。

接下来，是最重要的部分：社交技巧。如果一个人的实力足够，那他的人缘就不会差，但是上限如何，就看社交技巧了。

在提升自身实力之后，同学们对你的印象肯定已经大为改观了，但是社交要主动，不能一直等待别人来找你。你可以尝试先用爱好交朋友，融入一些圈子，比如假设你打篮球，你就可以理所应当地加入同学们的比赛，融入篮球圈子。其实即使你什么爱好都诚恳的写作，既有益于他人，又能成全自我。

写作就是照亮我们内心世界的光，它带领我们梳理自己，寻找自己，发现自己，最终成为更好的自己。

我心光明故我在，笔底波澜气自华。

没有，你也可以和同学们一起讨论游戏。作为青少年最热爱的事物之一，游戏也是消除隔阂的桥梁。现在，就算你没有朋友，也至少显得合群了。接下来，你要寻找一个你喜欢的人，不是恋爱的喜欢，是想做朋友的喜欢，建议不要选择班级社交的核心，不然他的朋友很多，也没有心思在乎你一个；最好选择同性，因为异性容易被传绯闻。用真诚感化他，寻找和他的共同话题，一段时间后，你应该已经和他成为朋友了，你可以常跟在他身旁，这样也可以理所应当地融入他的社交圈。重复几次以后，你可以开始选择异性，因为一个良性社交圈不可能只有同性，你就已经形成了一个较为立体的关系网。接下来，你已经拥有了资本，这时一定要自信。切记社交里一条重要的法则：几乎所有人都会在意他人的看法，一个人突然对你不好时，你肯定会怀疑自己是否做错了什么。你可以反向利用这一点，对别人忽冷忽热，这样反而可以增进你们的关系，不过切记不要过度。现在，你也完全不怕别人欺负你或者惹你了，因为除了老师，你的朋友们也会站出来帮你说话。还有一点，不需要和所有人都成为朋友（尤其是你讨厌的人），这样会很累。如果你讨厌一个人，也可以用一些小手段给他一点诚恳的写作，既有益于他人，又能成全自我。
写作就是照亮我们内心世界的光，它带领我们梳理自己，寻找自己，发现自己，最终成为更好的自己。
我心光明故我在，笔底波澜气自华。

教训。

听完我这个计划，是不是觉得我刚从精神病院出来？初一刚入学时，我的处境没比你好多少，这确实是我在初中不断吸取经验总结出来的。我这样做的回报就是，在初三时我就已经拥有了良性的社交圈（男性、女性朋友都很多，而且有两三个知心朋友，和老师关系也很好，在年级里的影响力较大），现在高一了，因为良好的基础，我甚至不需要动用这些套路也能很自然地和新同学成为朋友。这个计划可能有些挑人，可能比较适合我这种善于伪装、可塑性性格、看透人心的人吧。不过有些道理是通用的，一条通往成功的路此时就摆在你眼前，就看你愿意为之付出多少了。

充满潜力的来信者，祝你早日走出阴霾，拥抱成功！

你的学长阿天

最后这位阿天学长平时写作文到600字都困难，可这次却如开闸的水坝，滔滔不绝，一泻千里，三个小时，一动不动，一气呵成，竟然一口气写了3000多字，连他自己都被感动到了。

诚恳的写作，既有益于他人，又能成全自我。
写作就是照亮我们内心世界的光，它带领我们梳理自己，寻找自己，发现
自己，最终成为更好的自己。
我心光明故我在，笔底波澜气自华。

这次写作调动了学长学姐帮助学弟学妹的责任感，这种帮助他人的使命感促使他们拿起笔来，全情投入。这不再只是一次写作，而是借此帮助他人的机会，正是内在的使命激发了他们写作的内驱力。

这充分说明了，每一个人都是潜在的写作好手，平时写不出东西只是写作欲望的阀门没有被拧开罢了。

另外，初中孩子们面对学长学姐是如此坦诚、心无界限，将天真外表下最细微的烦恼缓缓讲述，这不仅是少年人不可辜负的赤诚，更是青春期里一份难忘的同盟者情谊。

问少年心事？纸短情长。被书写，被看见，被倾听，被理解，真好。

这也再次说明，好的写作，可能是在具体的交际语境下展开的。无交际，不写作。即便是考场作文，你也要有清晰而明确的阅读对象，它不能只是指向阅卷者。

34 浣溪沙·你却带我抬头看见了月亮

说着说着，我们也走到了1314的终点站宋城。宋城外就是富春江、浦阳江和钱塘江三江交汇处。叶芝的诗突然从三江汇飘来：

诚恳的写作，既有益于他人，又能成全自我。

写作就是照亮我们内心世界的光，它带领我们梳理自己，寻找自己，发现自己，最终成为更好的自己。

我心光明故我在，笔底波澜气自华。

走吧，人间的孩子，走向荒野和河流。

我的脑海里再次浮现出女儿杨未之七年级时写的一篇应试习作，那就以她的这篇文章来为这本书作结吧！

爸爸：

此刻，我正在语文考场上，看到今天的作文题《不平凡的平凡人》，我就想起了你。你就是一位既平凡又不平凡的人。

你很平凡。和别人一样，为了生计，为了让我们家生活得更好，天天操劳。尽力满足我一切正当的要求。你也想让我成绩优秀，在我做作业时默默陪在我的身边，还时时研究数学题，尽力为我讲解，其实你只是一个语文老师。

但同时，你又很不平凡。你不会用世俗的眼光来看待任何东西，往往有不同的见解。你不会刻意要求我成绩拔尖，你常说："只要努力过，就好了。当然，也不能太差。"五六年级时，我迷上了《哈利·波特》。别的家长就不让他们看，认为这些书对考试毫无益处，对学习并没什么用。而你却非常支持我看，还让妈妈带我去日本大阪环球影城看霍格沃茨魔法学校。你还说："不是做任何事都要追求有用。"

诚恳的写作，既有益于他人，又能成全自我。

写作就是照亮我们内心世界的光，它带领我们梳理自己，寻找自己，发现自己，最终成为更好的自己。

我心光明故我在，笔底波澜气自华。

　　在生活方面，你也是不走寻常路。记得今年中秋节，别人都在朋友圈晒星巴克、月饼之类。晚上七点多的时候，你却叫我们带上地垫、零食出门。谁都不知道为什么。我们全家坐在你的车上，看着你把车从城市开向荒野，越开越远。

　　"这是想干啥呢？"我很纳闷，"是要大晚上出去冒险？"

　　路上的车越来越少，你却把我们带到一个前不着村后不着店的荒地里，四面都是杂草。你找了一块空地，铺好垫子，摆上零食。

　　原来你是带我们来郊外看月亮。

　　此时的郊野，四顾无人，只有清风轻抚，虫子在草丛间自由鸣叫，我从未感受到草虫的声音如此清脆，脆得就像咬了一口刚摘下树的水蜜桃，唇齿留香。

　　这时的月亮，又大又圆，好像离我更近了。由于四野没有高楼阻挡，月光如水一般尽情地倾洒向这片荒野。刚才心中的不快一下子就被月华清洗得干干净净。

　　我和妹妹在草地上跑来跑去，一遍一遍地唱着"一杯敬明月，一杯敬过往"，心里别提有多开心啦。

这是我过得最难忘的中秋节。

如今的社会，满地都是"六便士"，你却带我抬头
看见了月亮。

你的女儿

2019 年 11 月 4 日

愿每一个孩子都能被月亮温柔以待。

跋　长相思·感恩与致谢

1997 年大学毕业以来，我先后在浙江八所学校工作，这本书的内容就是建立在这些学校教育实践之上的。每一所学校都给了我丰厚的滋养，我要感谢我遇到的每一位学生、家长、同事、领导和朋友，更要感谢我的父母、爱人、女儿等所有亲人，是你们给了我勇气和灵感，才让我对语文教育充满热情至今，未曾倦怠！

玉　环

1997 年我大学毕业后来到浙江玉环百工高级中学工作。玉环是个典型的海岛县，海风从四面吹来，既吹来了美味的海鲜，也吹来了美丽的姑娘，我和我的爱人正是在这里相识相恋的。

印象最深的课是一次期中考前，时任玉环语文教研员的郑敏峰先生突然来校调研，并临时决定听我的课。我打算让学生自己看看书准备第二天的期中考试的，但毕竟教研员来听课，总要做点什么吧。于是，我临时决定让四个小组的学生分别梳理所学的四个单元，流程是学生先自己梳理，再进行小组讨论，最后每组选派代表把梳理结果用粉笔写在黑板上。随后，我再叫大家对每个小组梳理的内容进行补充。结果，学生都能从基础和阅读两个方面对每一个单元进行翔实的梳理，写了满满一黑板，成就感满满，这就是相信学生，放手让学生学习的回报。还剩 8 分钟就要下课了，我充分表扬了学生详尽的梳理结果，但是也提醒大家，有一个板块大家都没有梳理到。学生们又开始翻书寻找，突然一个学生大叫："我知道了，老师，是作文。""是啊，就是每个单元的作文，也是要梳理的，这是语文学习最重要的一块，但常常被我们忽略。"我又叫每一个小组派人把自己负责单元的作文类型及写法梳理好，这时，下课铃声就清脆地响了起来。郑老师听后对我这节课给予了高度的肯定："我从来没有听到这么好的复习课！"这样的评价，对一个年轻老师来说，是多么大的鼓励啊！

瑞　安

在百工高级中学工作两年后，我来到温州瑞安工作了 4 年，先后在瑞安云江高级中学和龙翔高级中学任教。2001 年 9 月来到瑞安龙翔高级中学时，邓昌武校长突然把四个高三班级的语文给我教，每周36节课。我至今也没明白邓校长是哪里来的勇气把这么重要的担子给一个从来没有教过高三的年轻人来担。一年下来，从学业考试质量和学生评教两个维度考察，我获得了全校一等奖，并代表全校教师在学校师生大会上发言。这一切，都源自校长的信任和同学们的喜爱。由于高强度的工作需要大量的食物补充能量，爱人的土豆片炒回锅肉就成了我每天的最爱，一年下来，小腹慢慢隆起，我的小肚子就是在那时开始潜滋暗长起来的，现在则越发壮观了！

温州实验中学

2003年4月，我到温州实验中学应聘，通过考试、讲课、面试三个环节，以第一名的成绩进入了这所温州名校。记得我抽到的课文是讲布封的《马》，当时是临时抽签确定课题，当场备课40分钟后就要马上走进教室上20分钟课。前六年的教学经历告诉我，凡事要相信学生，只要放手让学生去学，学生就会给我们惊喜。正是有了这份信任，我一点也不紧张，就只设计了两个问题：一是有创意地画出本文的结构图，二是分享哪句话震撼了你。

看到同来应聘的老师备课抓耳挠腮的焦虑样子，我起身为自己泡了杯咖啡慢慢坐着喝，这个举动给当时办公室施玉萍主任留下了很深的印象，她后来告诉我："感觉你当时特别自信。"是的，但我不是相信自己，而是相信学生。

学生果然没有辜负我，第一个问题扔给学生后，我就成了甩手掌柜，看他们看书勾画设计结构图，偶尔轻声与他们交流两句。孩子们的图画出来了，大部分的样子都差不多，就是把每段的主要内容写下来，用一个大括号一连就完事了，还有些孩子还把这些段落的关键词写了下来。但有一个孩子却与众不同，她画了一匹马，项鬣编成了细辫，满身盖着丝绸和锦毡。在图的下面写下：这一切之侮辱马性，较之它们脚下的蹄铁还有过之无不及。

于是，我挑了一个中规中矩的学生分享了他画的结构图，并让同学们帮他进行了完善，实际上就梳理好了这篇文章的主要内容。接下来我展示出画马的那位同学的作品，拼命地做了表扬，要求全班同学为她鼓掌，然后就围绕"这一切之侮辱马性，较之它们脚下的蹄铁还有过之无不及"这句全篇最令人震撼的话展开讨论，我准备的两个问题得到了自然的切换，毫无斧凿之痕，嘻嘻！

通过讨论，学生具体地感受到了布封用文艺的笔调描绘了马在人工驯养和天然野生两种生存状态下的不同形象，流露出作者对无垠草原上自由自在生活着的马匹的由衷赞美，批判了人们摧残马、奴役马，甚至把马当作玩物的行为。

然后我再进一步引导他们思考：铁蹄只能有限地束缚马的身体，但将马的项鬣编成了细辫、满身盖着丝绸和锦毡的行为，就把马彻底沦为人类的玩物，马之为马的特性丧失殆尽，精神的泯灭才是最大的悲哀。所以说，给马穿上丝绸比给马掌钉上铁钉对马的损害更为严重。作者通过写马，实际上是在呼唤社会应给予人精神的自由，尤其在教育领域。

当时听课的评委有温州市语文教研员阙银杏老师（当时她是温州实验中学的语文老师），她后来说，刚听后他们也没觉得有多好，后来他们在食堂吃午饭一讨论，就觉得非常好，这堂课真正调动了学生学习的积极性主动性，真正实现了指导学生学习，是一堂自然生成的好课。这一课就像草原上自由奔走的野马，没有束缚。

进入温州实验中学，我真正进入了青青草原。温州实验中学语文组是阵容最强的语文组，我的每一次公开课，都得到组内近百名老师的帮助。2005年，部分老师陪我到浙江省委党校上《杨修之死》一课，获得巨大成功。课后，我们一起到西湖边的曲院风荷赏荷花，喝龙井，朗诵诗歌，直至夜幕低垂，才一起依依不舍地坐大巴返回温州，同行者有诗人校长金戈老师、古典美眉银杏、神仙姐姐秋莲、内功深厚的德慧、听我《致女儿的信》后到处讲我好话的小芬、互联网早期发烧友胜武、深藏功名的金峰等十几人。2009年我调到杭州工作后，语文组同仁还经常组队到杭州看我。

安吉路

我是2009年8月正式入职西湖边的杭州安吉路实验学校的。在这里，午饭后，我常常和旭君老弟或孤身一人爬上宝石山顶，坐在大青石上看西湖在阳光下闪闪发光，然后走到纯真年代书吧想念那些纯真的岁月。有时我会站在断桥上发呆，"千年等一回"的音乐从湖上飘来，许仙和白娘子便款款而出，这是一座连接人间与仙界、世俗与精神、此岸与彼岸的浪漫之桥。

断桥不断，孤山不孤。

站在断桥看孤山，可见孤山之魂梅妻鹤子林和靖，可思吴昌硕与日本印人的印泉情缘，远观居易宿眠山中之竹阁、东坡作诗之柏堂，听文泉汩汩，看隐隐佛塔，更有西泠印社依山势高低，错落山间，守护千年文脉。还有一个脱不下长衫的语文老师经常在午饭后来看她，孤山何孤之有哉？

一年后，安吉路实验学校和万科在良渚文化村合办安良实验学校，我被抽调到良渚文化村任教。

良渚文化村位于杭州西北，因毗邻良渚文化遗址而得名。

如果世界有天堂，那一定是良渚文化村的模样。

　　住在这里的人喜欢把自己叫作"村民"，这也是生活于此的身份和文化认同。共乐乐，崇平等，践和谐，萍水相逢，俱为同村之民。从村民到社群，从社群到社区，在"村民文化"的影响下，一份大家共同研制的村民公约悄然生长出来，现摘录部分如下：

　　　1. 我们乐于参加小镇的公共活动；

　　　3. 我们呵护孩子的自尊，在公共场合避免责罚；

　　　5. 邻居长时间不在家时，我们帮助照看，遇有异常，及时告知管理人；

　　　7. 我们拾获楼上邻居晾晒时飘落的衣物，妥善保管及时送还；

　　　9. 在小镇公共场所，我们放低谈话音量；

　　　17. 我们在指定位置停放车辆，不跨线、压线，且车头朝向规定方向，停车即熄火；

　　　18. 小镇内出行，我们倡导使用自行车、电动车或循环巴士等；

　　　19. 保持公园、游山步道等公共场所的环境整洁，自觉带走废弃物品；

　　　20. 生活垃圾，分类处理；

22. 购物买菜，我们使用环保袋或竹篮；

23. 家中的闲置物品，在小镇跳蚤市场交易或慈善捐赠；

26. 使用牵引带遛狗，自觉清理粪便；不带宠物进入室内公共场所；为具有攻击性的宠物戴上口罩。

读这份村民公约，我们更多感受到的是一种约定，一份期许，像极了传统中国那些久违了的乡规民约，与其说是规范，不如说是传递善意的通道。

26 条村民公约被用生锈的铁板镌刻，字迹每年都会模糊一点，迟早会被氧化锈蚀得认不出来，其目的就是希望到了那一天，公约能深植在村民心中，成为自然而然的行为习惯。村约无字，无字却隽永。

2012 年起，我开始住在村里并成为永久村民。

周末下午，我常常骑一辆单车，先到滨河公园的杜甫桥头拜会一下杜甫。杜甫 19 岁从河南巩县（今河南巩义）出发，一直朝南走到湖北，然后沿长江而下到江苏，再到浙江，在我们如今的良渚文化村停留了 10 天，与官吏和村民谈论生活家事、国家富强的道理，并提议疏通当地的河道，还建议在良渚港上兴建一座桥梁，方便村民出行。后来人们建桥之后就以"杜甫桥"名之，以志纪念。遗憾的是，年轻的杜甫没有为良渚留下诗篇，也许是江南的山水太过柔软，承载不了他"致君尧舜上，再使风俗淳"的宏伟抱负吧！

如今，有村人在杜甫桥头摆了一个无人值守的菜摊，新鲜蔬菜，分拣成束，旁边一块纸板上写明："青菜菠菜，3 元一把；番茄 5 元；没有标价的请按 3 元付钱。"

这不就是杜甫毕生追求的淳良风俗的生动再现吗？我赶紧用支付宝扫码付了 3 元，拿了一把菠菜。若是秋天就更绝了，真是暗送秋"菠"啦！

随后，我心荡漾，沿毛家漾河向东骑到安藤忠雄设计的大屋顶，旁边就是玉鸟集，这里有村民食堂、二麻酒馆，也有晓书馆、单向街书店，书店正进行"书菜计划"，就是把书当菜买，用一个大大的信封装一本书，具体什么书你是不知道的，只看到信封上绘有萝卜、白菜、洋葱等蔬菜的图案，有一种抽盲盒的感觉。这个时代，把书店都逼成什么样了，唉！

我买了绘有洋葱的"书菜"，约 10 分钟后，就来到良渚博物院。博物院由英国著名建筑设计师戴卫·奇普菲尔德设计，它突破了具象形态的束缚，体现了艺术与自然、历史与现代的和谐融合。院内展出距今约 5300—4300 年的良渚文化时期的玉器、石器、陶器和漆木器等各类珍贵文物 600 多件（组）。尤其是出土的玉鸟，其首宽扁，上有阴刻线纹，喙部尖凸前伸，形似头戴"介"字羽冠的神人的简化形象；鸟眼大而夸张，上有重圈刻纹，与神徽纹中兽面的大眼十分相似；鸟两翼和尾部舒展，似正在翱翔。这件玉鸟作品将鸟的造型和神人兽面图案融为一体，体现出良渚先民独特的精神信仰。

良渚文化的发现，归功于一个叫施昕更的良渚青年，1936年11月3日，下午2点，施昕更走到一片干涸的池塘边，在一个裸露的池底，发现了两片"黑色有光的陶片"。当时的人们不会知道，正是这不起眼的陶片，向世界亮出了一把丈量中华五千年文明的标尺。

"我们上古的祖先，坚忍地开辟这广袤的土地，创下了彪炳千秋的文化，我们今日追溯过去，应当如何兢兢业业地延续我们民族的生命与光荣的文化？"

这是1938年施昕更之问，也是今天的我们该如何用实际行动来作答的问题。

由良渚博物院向北沿河骑行10分钟左右，就到达杭州国家版本馆。

杭州国家版本馆是中央总馆异地灾备库、江南特色版本库，以及华东地区版本资源集聚中心。它由废弃的矿山化身而来，借助天然山脉水系藤蔓树木，历时3年时间打造，将宋代园林气质与当地风貌完美融合。修复的山体库房上覆以自然龙井茶田景观，再现宋人山水画中的自然悠远意境。如果说版本是记录历史、见证文明的"金种子"，版本馆则是存放和保管"金种子"的"文化种子基因库"。目前，已累计征集 100 万册（件）版本资源。

下午 2 点许抵达杭州国家版本馆，正遇到麦家讲座，于是溜到地下大厅听麦家讲"世界很大书最大"。麦家回顾了自己辛酸的童年往事，说"人生如此苦难，我依然活得津津有味"；提出"感谢生活要从感谢书籍开始，因为是书让我摆脱了孤独"；他认为"一本书像一阵风，如果常年不吹，皮肤就会干燥，如果常年被和风细雨吹拂，生命力就旺盛"。提问环节，主持人想让麦家给读者推荐一些书，麦家直接拒绝了，他认为自己推荐的是自己喜欢的，不代表别人也喜欢，喜欢读书的人要学会自己去寻找适合自己阅读的书。

听了麦家的讲座，沿着良渚港河，骑行回家。

此刻春风浩荡，世界很大，我村最大。

育　海

在文化村工作九年后，我受邀加入黄纪云先生创办的杭州育海外国语学校。黄纪云先生是浙江民办教育的传奇，他先后创办了 5 所学校，组建成为浙江育英教育集团。黄先生提出"教育是一种高尚的服务"的办学理念，实践路径是低姿态、高付出、有温度，教育目标是"让成绩与素养同时抵达"。这些既高位引领又颇接地气的提法，成为育英教育集团发展壮大的源头活水和底层逻辑。放低姿态，做有温度的教育，既是时代的召唤，也是教育的本质，更是我要时时警醒的法则。

学生最厌弃的教师是高高在上盛气凌人的师道尊严模样。亲其师，才能信其道。新时代的老师要蹲下身子，放下面子，倾听学生，陪伴学生，服务学生，尤其要由衷地欣赏学生，允许学生试错，要带着放大镜去发现每一个学生的优势与特长，鼓励学生长成最好的他（她）自己。他们既不能像他们的父母，也不能像我们老师，他们只能是他们自己。社会之所以滚滚向前，就是因为下一代"不听"上一代的话。

只有所有老师共同努力，学校才能成为一个尊重差异、和而不同的宽容之所，因为没有宽容就没有未来。

云　谷

2021 年 8 月，我随女儿来到云谷学校。自开办以来，云谷就以素养立意，为教育赋予了更多想象空间；它有着强大的互联网基因，却又遵循着古老的农业法则。

在这里，我的职责是平整土地，把种子埋在地里，给他们水、阳光与空气，让他们自己发芽，自己生长，自己开花。每一朵花都有自己的花期，有的在春天风姿绰约，有的在夏天热情燃烧，有的在秋天独占鳌头，有的在冬天孤芳自赏。我们要做的，就是遵循自然时令，静待花开。

云谷时间，总是缓慢而悠长。

我们用两节课时间辩论一个貌似与语文无关的话题。那天讲韩愈《师说》里"巫医乐师百工之人，君子不齿，今其智乃反不能及"时，听学生就"知识、经验与智慧"的话题辩论两节课，因太过热烈，引来办公室范无为老师加入。听下来，我越来越倾向于王天行同学基于脑科学的论述：大脑具有极强的抽象能力，人的所有反应都源自大脑深处所拥有的或隐或显的知识的加持，无意识其实也是已有知识抽象的结果，所有过往的记忆造就了我们，对某人有感觉也是基于过往经验，甚至我们所说的爱也是一种知识叠加后的选择，其本质依然是理性的。人工智能正是对人脑的模仿，理论上，只要人工智能技术能完全模仿人脑，AI就能像人一样思考！下课铃声响起，我隐隐看见一个人工智能的专家在语文课堂里诞生。

脑子真是个好东西！

我领着学生用一个月的时间"行读杭州"，就是用所学的新闻、采访等知识去脚踏实地地去走访那些具有"杭州味"的人，然后写出通讯稿，培养学生"积极倾听"和"有效写作"素养。未之寻访了我安吉路实验学校的老同事胡承东老师，整理成近两万字的采访稿。胡老师走遍杭州的山山水水，寻访古树18年。采访中，胡老师详细为未之讲解了观察一棵树的具体方法，并分享了寻访古树给他带来的难以言说的生命觉醒：仰望古树才知道什么叫"挺拔"，触摸树皮才知道什么是"沧桑"，环境好的地方树长得快但木质疏松，环境差的地方树长得慢但木质紧实。

"行读杭州"项目式学习，既是一次"出走语文课本"的生动实践，更是对中唐韩愈、柳宗元重视写真情实感，强调"务去陈言"和"词必己出"的古文运动的接续和传承，也符合语文是"一门学习祖国语言文字运用的综合性、实践性课程"的课程观。我们不再只读一本书，而是要去读一座城，学生的核心素养在"行读"的过程里隐隐闪耀。

我们用一个半月的时间读诗写诗，开展"核心素养的诗意表达"项目式学习，引导学生为云谷七大核心素养写诗，让理性与诗情相融相生，从而培养他们"构思解决问题的新想法"素养。学校小龙虾设计社主理人袁博同学将同学们的诗歌作品设计了极具创意的展出方式：墙面被处理成类似瓦楞纸的样子，行人由东向西行走经过墙面时，能看到呈现学生诗歌作品的一面，行人由西向东走经过时能看到学生基于素养对诗歌的解释。随着行人经过这面墙，墙上的内容会随着视角而改变，对学生的诗歌作品的统一展示，也逐渐变化为各个学生对自己诗歌的解读和对素养的理解。

这个设计自然、精妙、满含诗意。每次走过这面诗歌墙，看到同学们的诗作透迤在云与谷之间，细浪腾越，便心中欢喜。

知之同学为这个项目写的反思复盘也给我留下了很深的印象：

本次诗歌项目学习中我根据素养"符合价值观的决策和行动：我能够理解自己的价值观，并能够据此在不同的选择中做出慎重的取舍和决策"进行写作。我先将这个素养拆解成不同部分，这些被拆解的部分就是我的诗歌需要体现的元素。元素被连为一个整体，就是诗歌的主体。随后，我进行了第一次头脑风暴。实际上，在开始拆解前，这个素养就十分合我眼缘，所以一开始就构想出了一个马在旷野自由奔驰、我在马背上尽情高歌的场景，除了非常的畅快，还具有诗歌的张力，所以在开始头脑风暴时是得来全不费工夫，我轻松地将拆解好的重点进行了一个诗意化的延展。随后我们和组员讨论并列出了可能会出现的问题。在前置准备好了之后，就正式开始为诗歌创作查找资料。我们读了很多的诗歌，找到了在我理解下和素养可以挂钩的诗歌和表达技巧，本来想仿照《未选择的路》（我觉得它和这个素养的适配度很高），但是最后还是决定顺着自己的心来写作。开始写作后才是真正的问题不断，写了一二三四五六份稿子，要么情绪不到位，要么就是感觉偏题，勉强挤出一篇，请他人为我写反馈，在收集完反馈后，总结了自己第一版的问题。杨聪老师说的"不够荡漾和自由"击中了我的心，有一些如梦初醒。过去写的所有诗歌都恍若大汗浸巾的黄粱一梦，醒来后才是真正的人闲桂花落，坐定后我开始将思想的闸笼放开，万马奔腾。终于在最后一版写出了我想表达的意思，想出了我的表达。人，也就是我，在马背上驰骋的时候就是这样肆意挥洒、刀指眉心的。个人认为，这是一种年轻的心境，可能之后会随着时间和事情而消失，所以趁着我还是热血快意时赶紧将它记下，等老了以后江海回望，想必也是别样的一番意趣。

读到这里，想不想看看知之的诗歌《日照我金山》呢？

大笑
抚摸过马的鬃毛
脊骨如连绵的山脉
起伏
我扬鞭于旷野之上

遥远的 日照我的金山
马影照我的草原
疾驰 心如风般狂野
拥一份 野草蓄满露水的力量
举一次 拉满之弓的士气
箭指 金山

我知我路线
自知它界限
我知行走的意义
也寄托一份舒展的希冀
如鹰般翱逸
如狼般勇气

穿越莽莽丛林

死咬箭之鸣镝

我知我长短

自识我难易

我知我与旧道背离

和旷野结为卿卿

我知道选择的重量

也知马匹背脊 耸然独立

跃步雨后陷落的泥

窄仄的山崖 困不住我的足迹

日照我的金山

我影罩我的原林

哪怕夜魂憧憧 鬼魅生影

大笑 路上儿戏

日照我的金山

路上行走自己

唯有思想和生命 方为利器

自由是一阵野原上风的呼吸

送旷野一份新鲜路径

马目视下

我将行走千里

　　我们用两个月的时间学戏、写戏、演戏，培养学生的"原创产品和创新"素养。孩子们在舞台演绎着自己对"男性凝视"与"城乡对比"等社会热点话题的深度思考，真是一出好戏。一位同学的原创剧《红光满面》创意在"反差"二字，女主王翠华是由男生反串，语气、步态都模仿得很像。而且这不太正宗的河南话在正宗的江南的土地上说出来，也形成了极大的反差，这种形式上的反差，让戏剧更有戏。同时，这也是一个发人深思的故事，强国和翠华是一对夫妻，住在乡下，守着几亩地，靠做农活勉强维持生计。这天是他们结婚20年纪念日，他们决定到城里拍一张照片，没有想到，城市红绿灯在给他们留下了纪念照片的同时也最终成了祭奠。代表城市文明的红绿灯是这出悲剧的罪魁祸首。我们不能将城市与乡村对立起来，贴上高与低、美与丑的标签。我们要千方百计地让城乡文明相互依存、功能互补，二者携手共进，从而实现城乡之间的自由行走。另外，这对农村夫妇20年相爱相携的模样，对婚姻屡亮红灯的城市人来说，更像是一个古老的童话，这也是对城市人的情感救赎。

感念过往，凡遇到的每一人、每一事，都变成了我的一部分。感恩未来，何其有幸，本书在红尘里与你相遇，我们也将变成彼此的一部分吧！

2023 年 4 月 16 日于杭州良渚文化村

附录　美丽的词牌美丽的词

01　相见欢

李煜

林花谢了春红，太匆匆。无奈朝来寒雨晚来风。

胭脂泪，相留醉，几时重。自是人生长恨水长东。

02　诉衷情

陆游

当年万里觅封侯，匹马戍梁州。关河梦断何处？尘暗旧貂裘。

胡未灭，鬓先秋，泪空流。此生谁料，心在天山，身老沧州。

03　清波引

张炎

江涛如许。更一夜听风听雨。短篷容与。盘礴那堪数。弭节澄江树。不为莼鲈归去。怕教冷落芦花，谁招得旧鸥鹭。

寒汀古溆。尽日无人唤渡。此中清楚。寄情在谭麈。难觅真闲处。肯被水云留住。泠然棹入中流，去天尺五。

04　少年游

欧阳修

栏干十二独凭春，晴碧远连云。千里万里，二月三月，行色苦愁人。

谢家池上，江淹浦畔，吟魄与离魂。那堪疏雨滴黄昏。更特地、忆王孙。

05　忆江南二首

白居易

其一　江南好，风景旧曾谙：日出江花红胜火，春来江水绿如蓝。能不忆江南?

　　其二　江南忆,最忆是杭州:山寺月中寻桂子,郡亭枕上看潮头。何日更重游?

06　沁园春

毛泽东

　　北国风光,千里冰封,万里雪飘。望长城内外,惟余莽莽;大河上下,顿失滔滔。山舞银蛇,原驰蜡象,欲与天公试比高。须晴日,看红装素裹,分外妖娆。

　　江山如此多娇,引无数英雄竞折腰。惜秦皇汉武,略输文采;唐宗宋祖,稍逊风骚。一代天骄,成吉思汗,只识弯弓射大雕。俱往矣,数风流人物,还看今朝。

07　踏莎行

晏殊

　　细草愁烟,幽花怯露。凭阑总是销魂处。日高深院静无人,时时海燕双飞去。

　　带缓罗衣,香残蕙炷。天长不禁迢迢路。垂杨只解惹春风，何曾系得行人住。

08　鹊桥仙

秦观

纤云弄巧，飞星传恨，银汉迢迢暗度。金风玉露一相逢，便胜却人间无数。

柔情似水，佳期如梦，忍顾鹊桥归路。两情若是久长时，又岂在朝朝暮暮。

09　醉花阴

李清照

薄雾浓云愁永昼，瑞脑消金兽。佳节又重阳，玉枕纱厨，半夜凉初透。

东篱把酒黄昏后，有暗香盈袖。莫道不销魂，帘卷西风，人比黄花瘦。

10　行香子

秦观

树绕村庄，水满陂塘；倚东风，豪兴徜徉；小园几许，收尽春光。有桃花红，李花白，菜花黄。 远远围墙，隐隐茅堂；飏青旗，流水桥旁。偶然乘兴，步过东冈。正莺儿啼，燕儿舞，蝶儿忙。

11　破阵子

辛弃疾

醉里挑灯看剑，梦回吹角连营。八百里分麾下炙，五十弦翻塞外声。沙场秋点兵。

马作的卢飞快，弓如霹雳弦惊。了却君王天下事，赢得生前身后名。可怜白发生。

12　定风波

苏轼

莫听穿林打叶声，何妨吟啸且徐行。竹杖芒鞋轻胜马，谁怕？一蓑烟雨任平生。

料峭春风吹酒醒，微冷，山头斜照却相迎。回首向来萧瑟处，归去，也无风雨也无晴。

13　意难忘

周邦彦

衣染莺黄。爱停歌驻拍，劝酒持觞。低鬟蝉影动，私语口脂香。檐露滴，竹风凉。拼剧饮淋浪。夜渐深，笼灯就月，子细端相。

知音见说无双。解移宫换羽，未怕周郎。长颦知有恨，贪耍不成妆。些个事，恼人肠。试说与何妨。又恐伊、寻消问息，瘦减容光。

14　采桑子

吕本中

恨君不似江楼月，南北东西，南北东西，只有相随无别离。

恨君却似江楼月，暂满还亏，暂满还亏，待得团圆是几时？

15　浪淘沙

李煜

帘外雨潺潺，春意阑珊。罗衾不耐五更寒。梦里不知身是客，一晌贪欢。

独自莫凭栏，无限江山，别时容易见时难。流水落花春去也，天上人间。

16　望海潮

柳永

东南形胜，三吴都会，钱塘自古繁华，烟柳画桥，风帘翠幕，参差十万人家。云树绕堤沙，怒涛卷霜雪，天堑无涯。市列珠玑，户盈罗绮，竞豪奢。

重湖叠巘清嘉。有三秋桂子，十里荷花。羌管弄晴，菱歌泛夜，嬉嬉钓叟莲娃。千骑拥高牙。乘醉听箫鼓，吟赏烟霞。异日图将好景，归去凤池夸。

17　闲中好

段成式

闲中好，尘务不萦心。坐对当窗木，看移三面阴。

18　永遇乐

李清照

落日熔金，暮云合璧，人在何处。染柳烟浓，吹梅笛怨，春意知几许。元宵佳节，融和天气，次第岂无风雨。来相召、香车宝马，谢他酒朋诗侣。

中州盛日，闺门多暇，记得偏重三五。铺翠冠儿，捻金雪柳，簇带争济楚。如今憔悴，风鬟霜鬓，怕见夜间出去。不如向、帘儿底下，听人笑语。

19　蝶恋花

晏殊

槛菊愁烟兰泣露，罗幕轻寒，燕子双飞去。明月不谙离恨苦，斜光到晓穿朱户。

昨夜西风凋碧树，独上高楼，望尽天涯路。欲寄彩笺兼尺素，山长水阔知何处？

20　青玉案

辛弃疾

东风夜放花千树。更吹落，星如雨。宝马雕车香满路。凤箫声动，玉壶光转，一夜鱼龙舞。

蛾儿雪柳黄金缕。笑语盈盈暗香去。众里寻他千百度。蓦然回首，那人却在，灯火阑珊处。

21 武陵春

连静女

人道有情须有梦，无梦岂无情？夜夜相思直到明，有梦怎生成？

伊若忽然来梦里，邻笛又还惊。笛里声声不忍听，浑是断肠声。

22 临江仙

杨慎

滚滚长江东逝水，浪花淘尽英雄。是非成败转头空。青山依旧在，几度夕阳红。

白发渔樵江渚上，惯看秋月春风。一壶浊酒喜相逢。古今多少事，都付笑谈中。

23 昭君怨

杨万里

午梦扁舟花底。香满西湖烟水。急雨打篷声。梦初惊。

却是池荷跳雨。散了真珠还聚。聚作水银窝。泻清波。

24 鹧鸪天

辛弃疾

欲上高楼去避愁，愁还随我上高楼。经行几处江山改，多少亲朋尽白头。

归休去，去归休。不成人总要封侯？浮云出处元无定，得似浮云也自由。

25 桂枝香

詹玉

紫薇花露，潇洒作凉云，点商勾羽。字字飞仙，下笔一帘风雨。江亭月观今如许。叹飘零、墨香千古。夕阳芳草，落花流水，依然南浦。

甚两两、凌风驾虎。恁天孙标致，月娥眉妩。一笑生春，那学世间儿女。笔床砚滴曾窥处，有西山、青眼如故。素笺寄与，玉箫声彻，凤鸣鸾舞。

26 西江月

辛弃疾

明月别枝惊鹊，清风半夜鸣蝉。稻花香里说丰年。听取蛙声一片。

七八个星天外，两三点雨山前。旧时茅店社林边。路转溪桥忽见。

27 江城子

苏轼

凤凰山下雨初晴，水风清，晚霞明。一朵芙蕖，开过尚盈盈。何处飞来双白鹭，如有意，慕娉婷。

忽闻江上弄哀筝，苦含情，遣谁听！烟敛云收，依约是湘灵。欲待曲终寻问取，人不见，数峰青。

28　清平乐

辛弃疾

茅檐低小，溪上青青草。醉里吴音相媚好，白发
谁家翁媪？

大儿锄豆溪东，中儿正织鸡笼。最喜小儿亡赖，
溪头卧剥莲蓬。

29　菩萨蛮

李白

平林漠漠烟如织，寒山一带伤心碧。暝色入高
楼，有人楼上愁。

玉阶空伫立，宿鸟归飞急。何处是归程？长亭更
短亭。

30　满庭芳

苏轼

蜗角虚名，蝇头微利，算来著甚干忙。事皆前
定，谁弱又谁强。且趁闲身未老，须放我、些子疏
狂。百年里，浑教是醉，三万六千场。

思量，能几许？忧愁风雨，一半相妨。又何须抵死，说短论长。幸对清风皓月，苔茵展、云幕高张。江南好，千钟美酒，一曲满庭芳。

31 如梦令

李清照

常记溪亭日暮，沉醉不知归路。兴尽晚回舟，误入藕花深处。争渡，争渡，惊起一滩鸥鹭。

32 卜算子

陆游

驿外断桥边，寂寞开无主。已是黄昏独自愁，更著风和雨。

无意苦争春，一任群芳妒。零落成泥碾作尘，只有香如故。

33 一剪梅

李清照

红藕香残玉簟秋，轻解罗裳，独上兰舟。云中谁寄锦书来，雁字回时，月满西楼。

　花自飘零水自流，一种相思，两处闲愁。此情无计可消除，才下眉头，却上心头。

34　浣溪沙

辛弃疾

　北陇田高踏水频。西溪禾早已尝新。隔墙沽酒煮纤鳞。

　忽有微凉何处雨，更无留影霎时云。卖瓜声过竹边村。

35　长相思

晏几道

　长相思，长相思。若问相思甚了期？除非相见时。

　长相思，长相思。若把相思说与谁？浅情人不知。

参考文献

[1]　泰戈尔 . 从友爱上寻光明的路 [N].《申报》,1924.4（第 1 节）

[2]　弗拉基米尔·纳博科夫 . 文学讲稿 [M]. 申慧辉等 , 译 . 上海 : 上海译文出版社，2018.

[3]　刘士林，西洲在何处 [M]. 北京：东方出版社，2005.（第 5 节）

[4]　葛兆光 . 宋代 "中国" 意识的凸显：关于近世民族主义思想的一个远源 [J]. 文史哲，2004, (1):5-12.（第 16 节）

[5]　伊塔洛·卡尔维诺 . 卡尔维诺短篇小说集：迷人的花园 []. 央金 , 译 . 北京：北京时代华文书局，2016.（第 17 节）

[6]　伊塔洛·卡尔维诺 . 新千年文学备忘录 [M]. 黄灿然 , 译 . 南京：译林出版社，2009.

[7]　《云南的歌会》出自义务教育教科书编写组:《语文》(八年级下册), 北京：人民教育出版社，2008.（第 18 节）

[8]　莫提默·J. 艾德勒，查尔斯·范多伦 . 如何阅读一本书 [M]. 北京：商务印书馆，2014.（第 19 节）

[9]　王国维 . 人间词话 [M]. 上海：上海古籍出版社，2019.（第 20 节）

[10] 傅雷.傅雷家书[M].杭州:浙江文艺出版社,2018.（第20节）

[11] 沙法丽·萨巴瑞.父母的觉醒[M].王臻,译.上海:上海社会科学院出版社,2013.（第22节）

[12] 曹明海,陈秀春.语文新课程的文化建构观[J].课程·教材·教法,2005,（1）（第23节）

[13] 纪伯伦.纪伯伦散文诗经典[M].李唯中,译.江苏:译林出版社,2019.（第26节）

[14] 岸见一郎,古货史健.被讨厌的勇气[M].北京:机械工业出版社,2020.（第27节）

[15] 罗伯特·福尔姆.我们得回到幼儿园[M].中国档案出版社,2001.（第28节）

[16] 乔治·奥威尔.从"为什么"开始[M].刘沁秋,赵勇,译.江苏:南京大学出版社,2008.（第30节）

[17] 西蒙·斯涅克.从"为什么"开始[M].苏西,译.广东:海天出版社,2011.

[18] 梁文道.常识[M].广西:广西师范大学出版社,2009.

[19] 于尔克·舒比格.当世界年纪还小的时候[M].廖云海,译.四川:四川少年儿童出版社,2006.（第32节）